이주송 지음

5급공채·입법고시 대비
# 최종마무리헌법

헌법조문
기출문제
최신판례

PUBLIUS
PUBLISHING
VERITAS VINCIT

# 서문

## 최종 마무리 헌법을 발간하며

이 책은 현장에서 헌법강의를 하면서 느낀 바를 그대로 실현하기 위해서 제작했습니다. 기존의 교재들은 최종정리로 보기에 충분하지 못하다는 생각이 들었습니다.

5급공채 헌법이나 입법고시 헌법은 절대평가라는 시험의 특성상 평상시에 공부를 많이 하기가 어렵습니다. 그렇다고 애매하게 공부하면 60점을 넘지 못해서 1년이라는 귀한 시간을 허망하게 날리는 경우가 은근히 많습니다. 이 시험에서는 헌법 최종정리의 비중이 무척 높습니다. 최종정리만 잘해도 충분히 70점 이상을 받을 수 있습니다. 이런 이유로 책을 발간하였습니다.

이 책은 3개의 부분으로 구성되어 있는데, 첫 단계는 헌법조문의 분석입니다. 조문만 분석을 잘해도 최소 8개 이상을 맞을 수 있습니다. 조문에 관련된 판례까지 언급해서 각종 기출문제나 함정들의 요소요소를 핵심만 찔렀습니다. 두 번째는 기출문제 분석입니다. 지나간 기출문제는 평상시 공부해두었을 테니, 가장 가까운 시기에 치러졌던 문제들(2021년도 5급공채·입법고시)과 2021년도 국가직 7급 문제를 준비했습니다. 그리고 마지막으로 최신판례 2년치를 다루었습니다. 각각의 부분에서 5문제씩만 더 맞아도 이 교재로만 최소 70점 이상을 확보할 수 있습니다.

이 책의 출간은 도서출판 푸블리우스의 전민형 대표의 전폭적인 지지와 성원에 힘입어 가능하였습니다. 이 자리를 빌어 진심으로 감사 말씀드립니다. 책을 예쁘게 만들어주신 장윤경 과장님에게도 역시 감사 인사드립니다. 출판사에서 처음으로 책을 만들게 됐습니다. 늘 가슴 한켠에 내 교재가 있었으면 하는 아쉬움을 이번에 풀게 됐습니다. 항상 걱정해주시는 부모님과 형제들에게 감사함을 전합니다. 무엇보다도 수험생 여러분이 모두가 이 책을 통해 헌법에 있어서 최고의 만족을 얻으시길 진심으로 바라고 모두 최종합격하시기를 간절히 기원합니다.

감사합니다.

2022년 2월 10일

이 주 송 배상

# 차례

제 **1** 편

# 대한민국헌법 조문

# 대한민국헌법

헌법 제10호 전부개정 1987.10.29.

유구한 역사와 전통에 빛나는 우리 대한**국민**은 **3·1운동**으로 건립된 **대한민국임시정부의 법통**과 **불의에 항거한 4·19민주이념**을 계승하고, 조국의 민주개혁과 평화적 통일의 사명에 입각하여 정의·인도와 동포애로써 민족의 단결을 공고히 하고, 모든 사회적 폐습과 불의를 타파하며, 자율과 조화를 바탕으로 **자유민주적** 기본질서를 더욱 확고히 하여 정치·경제·사회·**문화**의 모든 영역에 있어서 각인의 기회를 균등히 하고, 능력을 최고도로 발휘하게 하며, **자유와 권리에 따르는 책임과 의무**를 완수하게 하여, 안으로는 국민생활의 균등한 향상을 기하고 밖으로는 항구적인 세계평화와 인류공영에 이바지함으로써 우리들과 우리들의 자손의 **안전과 자유와 행복**을 영원히 확보할 것을 다짐하면서 **1948년** 7월 12일에 제정되고 **8차**에 걸쳐 개정된 헌법을 이제 **국회의 의결**을 거쳐 **국민투표**에 의하여 개정한다.

* 헌재는 전문의 규범적 효력 인정!
* 대한민국임시정부의 법통계승의 법적 효력(헌재) → 당사자가 주장하는 특정인을 반드시 독립유공자로 인정하여야 하는 것은 아니다.
* 대한민국임시정부의 법통계승은 현행 87년 헌법에 신설!!
* 전문에 없는 문구들 → 민족문화의 창달, 개인의 자유와 창의의 존중, 5.16, 경제의 민주화, 민주적 기본질서 등

# 제1장 총강

**제1조**
①대한민국은 민주공화국이다.
②대한민국의 주권은 국민에게 있고, 모든 권력은 국민으로부터 나온다.

* 제헌헌법 이래 줄곧 명문으로 국민주권주의 규정해 옴.

| | |
|---|---|
| **제2조**<br>①대한민국의 국민이 되는 요건은 법률로 정한다.<br>②국가는 법률이 정하는 바에 의하여 재외국민을 보호할 의무를 진다. | * 우리는 국적단행법주의, 부모양계혈통주의에 기초한 속인주의를 원칙으로 하면서 예외적으로 속지주의를 채택<br>* [국적법] 제2조(출생에 의한 국적 취득)<br> ①다음 각 호의 어느 하나에 해당하는 자는 출생과 동시에 대한민국 국적(國籍)을 취득한다.<br> 1. 출생 당시에 부(父)또는 모(母)가 대한민국의 국민인 자<br> 2. 출생하기 전에 부가 사망한 경우에는 그 사망 당시에 부가 대한민국의 국민이었던 자<br> 3. 부모가 모두 분명하지 아니한 경우나 국적이 없는 경우에는 <u>대한민국에서 출생한 자</u><br> ②대한민국에서 발견된 <u>기아(棄兒)는</u> 대한민국에서 <u>출생한 것으로 추정한다.</u> |
| **제3조**<br>대한민국의 영토는 <u>한반도와 그 부속도서</u>로 한다. | * 헌재 → 북한지역도 대한민국 영토에 해당하므로 북한주민 귀순시 별도의 국적취득절차 없이 당연히 대한민국 국민이 된다. |
| **제4조**<br>대한민국은 통일을 지향하며, <u>자유</u>민주적 기본질서에 입각한 평화적 통일 정책을 수립하고 이를 추진한다. | * 통일조항에서 국민 개개인의 통일에 대한 기본권, 특히 국가기관에 대하여 통일과 관련된 구체적인 행위를 요구하거나 일정한 행동을 할 수 있는 권리가 도출된다고 할 수 없다(헌재). |
| **제5조**<br>①대한민국은 국제평화의 유지에 노력하고 <u>침략적 전쟁을 부인</u>한다.<br>②국군은 <u>국가의 안전보장과 국토방위의 신성한 의무를 수행함을</u> 사명으로 하며, 그 <u>정치적 중립성</u>은 준수된다. | * 헌재 → 이라크 파견 결정에 대한 사법부의 판단은 자제~!! |

| | |
|---|---|
| **제6조**<br>①헌법에 의하여 체결·공포된 조약과 일반적으로 승인된 국제법규는 **국내법**과 같은 효력을 가진다.<br>②외국인은 **국제법과 조약이 정하는 바에 의하여** 그 지위가 보장된다. | * 6조 2항 → 상호주의 원칙<br>* 조약의 종류는 헌법 제60조에서 열거(열거된 것만 국회의 동의를 요함) → 비자협정, 행정협정, 문화교류협정은 국회의 동의를 요하지 않는다.<br>반대로 한미무역협정, 한미주둔군지위협정(SOFA)은 국회의 동의를 요함.<br>* 국회의 동의를 요하는 조약은 법률적 효력을 갖고 그 심사도 헌재가 함.<br>국회의 동의를 요하지 않는 조약은 명령과 같은 효력을 가지므로 헌법 107조 제2항에 의하여 대법원이 최종적으로 심사함.<br>* 일반적으로 승인된 국제법규는 성문의 국제법규와 불문의 국제관습법, 일반적으로 승인된 조약이 모두 포함. |
| **제7조**<br>①공무원은 국민전체에 대한 봉사자이며, 국민에 대하여 책임을 진다.<br>②공무원의 신분과 정치적 중립성은 법률이 정하는 바에 의하여 보장된다. | * 1항의 공무원 → 최광의의 공무원 의미. 선거직 공무원은 물론 공무수탁사인도 포함<br>* 2항의 공무원은 경력직 공무원을 의미. 공무원은 경력직과 특수경력직으로 구분. 경력직에는 일반직과 특정직 공무원이 있고, 특수경력직에는 정무직과 별정직으로 나뉜다.<br>헌재는 정치적, 임시직, 별정직 공무원은 신분보장을 받지 못한다고 한다. |
| **제8조**<br>①정당의 <u>설립은 자유이며, 복수정당제는 보장</u>된다.<br>②정당은 그 목적·조직과 활동이 민주적이어야 하며, 국민의 정치적 의사형성에 참여하는데 필요한 조직을 가져야 한다.<br>③정당은 법률이 정하는 바에 의하여 국가의 보호를 받으며, 국가는 법률이 정하는 바에 의하 | * 정당조항은 1960년 헌법에 최초 수용,<br>62년 헌법에서는 극단적 정당국가화 경향,<br>80년 헌법에서 국고보조조항 신설,<br>87년 헌법에서는 정당목적의 민주화를 추가~!<br>* 2018헌마551 → 초중등 교육공무원의 정당가입금지조항은 합헌, 그러나 '그 밖의 정치단체' 가입금지는 명확성원칙에 반하고, 과잉금지원칙에 반하여 위헌<br>* 정당의 설립, 목적, 활동의 헌법적 근거는 8조 1항 |

| 여 정당운영에 필요한 자금을 <u>보조할 수 있다.</u> ④정당의 <u>목적이나 활동이</u> <u>민주적 기본질서에</u> <u>위배</u>될 때에는 **정부는** 헌법재판소에 그 해산을 <u>제소할 수 있고,</u> 정당은 <u>헌법재판소의 심판에</u> <u>의하여 해산</u>된다. | 이지, 8조 2항이 아니다.(헌재) <br> * 정당해산심판의 심리는 구두변론에 의한다(헌재법). 암기법) 구두**탄정권**~!!! |
|---|---|

| **제9조** <br> 국가는 전통문화의 계승·발전과 민족문화의 창달에 노력하여야 한다. | * 헌재 → 문화국가에서의 문화정책은 불편부당의 원칙. 이른바 중용정책이다. <br> * 2017헌마416 → 문화예술계 블랙리스트 작성 및 지원사업배제지시는 위헌~!! |
|---|---|

# 제2장 국민의 권리와 의무

| **제10조** <br> 모든 국민은 <u>인간으로서의 존엄과 가치를</u> 가지며, <u>행복을 추구할 권리를</u> 가진다. 국가는 개인이 가지는 <u>불가침의 기본적 인권을 확인하고 이를 보장할 의무를</u> 진다. | * 생명권은 헌법규정에 없지만 당연히 인정되는 기본권으로서 태아에게는 인정, 초기배아는 부정된다. 국가의 기본권보호의무는 초기배아에게도 인정. <br> * 법인의 인격권 인정(사죄광고, 방송사업자의 시청자에 대한 사과판례) <br> * 행복추구권은 80년 헌법에 신설. 포괄적 의미의 자유권 → 평화적 생존권, 주민소환권, 사회복무요원에게 현역병에 해당하는 보수지급하는 규정은 행복추구권에 따른 기본권에 해당하지 않는다. <br> * 자기결정권에 따른 위헌판례들 → 간통죄, 혼인빙자간음죄, 낙태죄, 동성동본금혼제, 무연고시신 해부용 시체로 제공하는 규정등 |
|---|---|

| **제11조** <br> ①모든 국민은 <u>법 앞에</u> 평등하다. 누구든지 <u>성별·종교 또는 사회적 신분</u>에 의하여 정치적·경제적·사회적·문화적 생활의 모든 영역에 있어서 | * 1항의 예시항목들은 헌법에서 특별히 평등을 요구하고 있는 경우라고 할 수 없다. 헌법규정에는 인종부문은 없다. <br> * 사회적 신분은 선천적 신분과 후천적 신분을 포함하여 해석되고, 전과자는 사회적 신분에 해당하지만, |
|---|---|

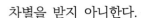

차별을 받지 아니한다.

②사회적 특수계급의 제도는 인정되지 아니하며, 어떠한 형태로도 이를 창설할 수 없다.

③훈장등의 영전은 이를 받은 자에게만 효력이 있고, 어떠한 특권도 이에 따르지 아니한다.

누범가중처벌은 사회적 신분에 따른 차별이 아니다. (헌재)

* 평등심사기준은 비례원칙과 자의금지원칙에 따른 심사가 있다. 비례원칙은 엄격심사기준으로서 헌재는 ①헌법에서 특별히 평등을 요구하고 있는 경우이거나, ②차별적 취급으로 인하여 관련 기본권에 대한 중대한 제한을 초래하는 경우라면 비례원칙에 따른 심사를 한다고 판시하였다.

## 제12조

①모든 국민은 신체의 자유를 가진다. 누구든지 법률에 의하지 아니하고는 체포·구속·압수·수색 또는 심문을 받지 아니하며, 법률과 적법한 절차에 의하지 아니하고는 처벌·보안처분 또는 강제노역을 받지 아니한다.

②모든 국민은 고문을 받지 아니하며, 형사상 자기에게 불리한 진술을 강요당하지 아니한다.

③체포·구속·압수 또는 수색을 할 때에는 적법한 절차에 따라 검사의 신청에 의하여 법관이 발부한 영장을 제시하여야 한다. 다만, 현행범인인 경우와 장기 3년 이상의 형에 해당하는 죄를 범하고 도피 또는 증거인멸의 염려가 있을 때에는 사후에 영장을 청구할 수 있다.

④누구든지 체포 또는 구속을 당한 때에는 즉시 변호인의 조력을 받을 권리를 가진다. 다만, 형사피고인이 스스로 변호인을 구할 수 없을 때에는 법률이 정하는 바에 의하여 국가가 변호인을 붙인다.

⑤누구든지 체포 또는 구속의 이유와 변호인의 조력을 받을 권리가 있음을 고지받지 아니하고는 체포 또는 구속을 당하지 아니한다. 체포 또

* 1항의 처벌과 13조 1항의 처벌은 범위가 다르다. 12조 1항의 처벌은 본인에게 불이익 또는 고통이 되는 일체의 제재를 말하고, 13조 1항의 처벌은 범죄에 대한 국가의 형벌권 행사로서의 과벌을 의미한다.(헌재)

* 2항의 진술거부권은 형사상 진술거부권을 의미하므로, 형사절차나 행정절차, 국회에서의 질문 등 어디에서나 그 진술이 자기에게 형사상 불리한 경우에는 묵비권을 가지고 이를 강요받지 아니할 국민의 기본권으로 보장된다.(헌재) 국회에서의 증인이나 감정인도 이 권리를 가진다.

* 3항의 영장주의는 수사단계에서의 영장발부를 의미하므로, 법원의 직권에 의한 영장발부의 헌법적 근거는 12조 1항이다.(헌재) 직권에 의한 영장은 명령장으로서의 성질을, 수사영장은 허가장으로서의 성질을 갖는다.

* 영장주의는 구속의 개시시점에 한하지 않고 구속의 계속 여부도 법관의 판단에 의하여 결정되어야 한다는 것을 의미한다. → 10년 이상의 구형시 구속영장의 효력, 보석허가결정에 대한 검사의 즉시항고, 구속집행정지결정에 대한 검사의 즉시항고에 관련된 형사소송법상의 규정들은 그런 의미에서 모두 위헌판정을 받았다.

* 4항의 변호인의 조력을 받을 권리의 주체는 형사사건뿐 아니라 행정절차에서 구속을 당한 사람에게도

는 구속을 당한 자의 가족등 법률이 정하는 자에게는 그 이유와 일시·장소가 지체없이 통지되어야 한다.

⑥누구든지 체포 또는 구속을 당한 때에는 적부의 심사를 법원에 청구할 권리를 가진다.

⑦피고인의 자백이 고문·폭행·협박·구속의 부당한 장기화 또는 기망 기타의 방법에 의하여 자의로 진술된 것이 아니라고 인정될 때 또는 정식재판에 있어서 피고인의 자백이 그에게 불리한 유일한 증거일 때에는 이를 유죄의 증거로 삼거나 이를 이유로 처벌할 수 없다.

즉시 보장된다(2014헌마346). 다만 행정절차 전반으로 확대하는 것은 아니다.

* 6항의 체포구속적부심사청구의 주체는 체포되거나 구속된 피의자가 원칙이나 전격기소된 형사피고인의 경우에 인정되지 않는다면 절차적 기회를 박탈하는 것이라고 판시하여 그 결과 법을 개정하여 이를 인정하였다.

* 변호인의 접견교통권에 대해서 국가안전보장, 질서유지, 공공복리 등 어떠한 명분으로도 제한할 수 없다고 판시한 것은 대화내용을 의미하는 것이고 변호인과의 접견 자체에 대해 아무런 제한도 가할 수 없다는 것을 의미하는 것은 아니다(2009헌마341).

* 변호인의 접견교통권의 주체는 피의자와 피고인인 경우에 헌법상 기본권으로 보장되지만 변호인이 주체인 경우는 법률상 기본권일 뿐이다. 그러나 최근에 변호인이 변호권으로 인정하여 헌법상 기본권으로 인정하는 판례가 늘어나고 있다. 구체적으로 구속적부심절차에서 변호인이 피구속자에 대한 고소장과 경찰의 피의자신문조서를 열람하는 것, 피의자 신문시 변호인이 피의자의 옆에서 조력하는 것 등에 대해서 인정한 바 있다. 변호인이 되려는 자의 피의자 접견신청 불허행위에서도 변호인의 변호권을 인정하였다(2015헌마1204).

* 7항의 전단은 자백의 증거능력을 말하고, 후단은 자백의 증명력을 말한다. 특히 자백의 증명력 제한은 정식재판에서만 인정, 즉결심판이나 소년보호사건에서는 적용되지 않는다.

## 제13조

①모든 국민은 행위시의 법률에 의하여 범죄를 구성하지 아니하는 행위로 소추되지 아니하며, 동일한 범죄에 대하여 거듭 처벌받지 아니한다.
②모든 국민은 소급입법에 의하여 참정권의 제

* 1항에서는 형벌불소급의 원칙과 이중처벌금지원칙을 규정. 이중처벌금지원칙은 일사부재리원칙이라고도 부른다. 이는 한번 판결(약식, 즉결포함)이 확정되면 동일한 사건에 대해서는 다시 심판할 수 없다는 원칙을 말한다.

* 형법 제7조 위헌판결에서 외국에서 받은 형사처벌

| | |
|---|---|
| 한을 받거나 <u>재산권</u>을 박탈당하지 아니한다.<br>③모든 국민은 자기의 행위가 아닌 <u>친족의 행위</u>로 인하여 불이익한 처우를 받지 아니한다. | 은 여기의 '처벌'에 해당하지 않는다. 즉 동일범죄에 대한 이중처벌은 대한민국 내에서 거듭 형벌권이 행사되어서는 안된다는 것이다.(헌재)<br>* 3항은 연좌제 금지를 말한다. 불이익한 처우라 함은 형사법상의 불이익만이 아니라 국가로부터의 어떠한 불이익한 처분도 받지 않는다는 것이다. |
| **제14조**<br>모든 국민은 거주·이전의 자유를 가진다. | * 외국인은 입국의 자유가 인정되지 않는다. 출국의 자유는 보장.<br>* 국적변경의 자유 중 무국적의 자유는 인정되지 않는다.<br>* 서울광장 통행제지행위로 인하여 청구인들의 거주이전의 자유는 제한되지 않는다. 거주이전은 살기 위해 이전하는 경우를 의미하므로 통행제한과 전혀 관련이 없다. |
| **제15조**<br>모든 국민은 직업선택의 자유를 가진다. | * 헌재에 따른 직업의 개념 → 생활수단성, 계속성을 필요로 하는 바, 휴가기간 중에 하는 일, 수습직으로서의 활동, 대학생이 방학기간을 이용하여 또는 휴학 중에 학비 등을 벌기 위하여 학원강사로서 일하는 행위도 포함.<br>* 외국인에게 인정되는 것은 직장선택의 자유이지, 직업의 자유는 인정되지 않는다.(헌재)<br>* 단계이론에 의해 직업행사의 자유 → 주관적 사유에 의한 직업선택의 자유 → 객관적 사유에 의한 직업선택의 자유 순으로 제한이 이루어진다. |
| **제16조**<br>모든 국민은 주거의 자유를 침해받지 아니한다. 주거에 대한 압수나 수색을 할 때에는 검사의 신청에 의하여 법관이 발부한 영장을 제시하여야 한다. | * 헌재 → 체포영장집행시 별도 영장없이 타인의 주거 수색할 수 있도록 한 형소법 제216조 제1항 1호 중 200조의 2 부분은 헌법불합치~!! |

| **제17조**<br>모든 국민은 사생활의 비밀과 자유를 침해받지 아니한다. | * 개인정보자기결정권에는 반드시 개인의 내밀한 영역이나 사사의 영역에 속하는 정보에 국한되지 않고 공적생활에서 형성되었거나 이미 공개된 개인정보까지 포함한다(헌재)<br>* 개인정보란 살아있는 개인에 관한 정보이다.<br>* 인터넷 실명제는 위헌, 선거운동기간중 인터넷 실명제도 합헌에서 위헌으로 판례변경되었다(2018헌마456).<br>* 신상정보 등록조항이 다 합헌이지만, 통신매체이용음란죄 신상정보 등록조항은 위헌이다.<br>신상정보 등록조항을 20년간 보존 관리해야 한다는 성폭력특례법 조항도 위헌이다.<br>* 정정보도청구권은 보도내용이 허위임을 전제로 하지만, 반론보도청구권은 허위여부와 무관하다. |
|---|---|
| **제18조**<br>모든 국민은 통신의 비밀을 침해받지 아니한다. | * 타인간의 대화의 녹음은 인정되지 않지만, 3인 간의 대화에서 그 중 한 사람이 녹음하는 경우는 처벌되지 않는다.<br>* 통신제한조치 중 국가안보를 위한 통신제한조치는 고등법원 수석판사의 허가 또는 대통령의 승인을 얻어야 한다. 범죄수사를 위한 제한조치는 법원의 허가를 요한다. |
| **제19조**<br>모든 국민은 양심의 자유를 가진다. | * 양심의 자유의 영역에 해당하지 않는다는 헌재판례 → 공정거래위원회의 법위반사실 공표명령, 지문날인, 주취운전혐의자의 음주측정에 응할 의무, 자동차 좌석안전띠 착용강제, 선거운동기간중 인터넷 실명확인제.<br>* 부작위에 의한 양심실현의 경우가 양심적 병역거부 → 헌재는 최근 양심적 병역거부자에 대한 대체복무제를 규정하지 아니한 병역종류 조항이 양심의 자유를 침해한다는 헌법불합치 판시를 함. 다만 정당한 사유 없이 입영일이나 소집일부터 3일이 지나도록 |

<table>
<tr>
<td></td>
<td>입영하지 아니하거나 소집에 응하지 아니한 경우를 처벌하는 조항에 대해서는 여전히 합헌결정.<br>대법원은 진정한 양심에 따른 병역거부라면, 이는 병역법제88조 제1항의 '정당한 사유'에 해당한다고 판례를 변경하였다. (무죄인정)</td>
</tr>
<tr>
<td>제20조<br>①모든 국민은 종교의 자유를 가진다.<br>②국교는 인정되지 아니하며, 종교와 정치는 분리된다.</td>
<td>* 국교부인, 정교분리 원칙<br>* 미결수용자 종교행사 참석불허 판례 → 아예 불허인 경우, 연간 1회 정도 참석기회부여는 위헌, 4주에 1회 정도면 합헌.</td>
</tr>
<tr>
<td>제21조<br>①모든 국민은 <u>언론·출판</u>의 자유와 <u>집회·결사</u>의 자유를 가진다.<br>②언론·출판에 대한 <u>허가나 검열</u>과 집회·결사에 대한 <u>허가는 인정되지 아니한다.</u><br>③통신·방송의 시설기준과 신문의 기능을 보장하기 위하여 필요한 사항은 법률로 정한다.<br>④언론·출판은 <u>타인의 명예나 권리</u> 또는 <u>공중도덕</u>이나 <u>사회윤리</u>를 침해하여서는 아니된다. 언론·출판이 타인의 명예나 권리를 침해한 때에는 피해자는 이에 대한 <u>피해의 배상을 청구할 수 있다.</u></td>
<td>* '음란'표현은 언론 출판의 자유에 의해 보호된다고 판례변경.<br>* '알 권리'는 표현의 자유와 표리일체의 관계.<br>* 표현의 자유의 제한 → 검열제의 금지에서 검열의 요건으로는 내용에 대한 사전검열, 표현물의 사전제출의무, 허가를 받지 않은 것의 표현금지 및 심사절차를 관철할 수 있는 강제 수단, 행정기관에 의한 검열이 있다. 헌재는 언론 출판에 대하여는 검열을 수단으로 한 제한만은 법률로서도 허용되지 아니한다고 판시.<br>* 상업광고도 사전검열금지 대상이 된다고 판시.<br>* 집회의 목적적 요건으로는 헌재는 '내적인 유대관계'로 족하다는 입장.<br>* 집회의 자유에 의하여 보호되는 것은 단지 '평화적' 또는 '비폭력적' 집회이다(헌재).<br>* 집회 장소를 항의의 대상으로부터 분리시키는 것을 금지(헌재). 그러나 헌재는 옥외집회에 대한 판례에서는 "공중이 자유로이 통행할 수 있는 장소"라는 '장소적 제한개념'이 필요불가결한 요소는 아니라고 판시. 구별할 것~!!<br>* 헌재 → 집시법 제10조 대한 야간옥외집회, 시위금</td>
</tr>
</table>

| | |
|---|---|
| | 지에 대해서는 '해가 진 후부터 같은 날 24시까지의 시위'에 적용하는 한 헌법에 위반된다는 한정위헌 결정.<br>\* 헌재 → 외교기관주변에서의 집회 시위의 전면적 금지에 대해 위헌결정. 이후 각급법원 100미터이내에서의 옥외집회, 시위금지, 국회의사당 100미터, 국무총리 공관 100미터 이내에서의 옥외집회 시위금지 사건에서 모두 헌법불합치 결정하였다. → 법 개정하여 현행법상으로는 100미터 이내에서 집회시위는 원칙적으로 금지하되 예외적인 경우 허용할 수 있는 걸로 변경. |
| **제22조**<br>①모든 국민은 <u>학문</u>과 예술의 자유를 가진다.<br>②저작자·발명가·과학기술자와 예술가의 권리는 법률로써 보호한다. | \* 학문의 자유의 내용으로 대학의 자치가 있다. 대학, 교수, 교수회 모두가 단독, 혹은 중첩적으로 주체가 될 수 있다고 판시. |
| **제23조**<br>①모든 국민의 재산권은 보장된다. 그 <u>내용과 한계는 법률로 정한다.</u><br>②재산권의 행사는 **공공복리**에 적합하도록 하여야 한다.<br>③**공공필요**에 의한 재산권의 <u>수용·사용 또는 제한</u> 및 그에 대한 <u>보상</u>은 **법률로써** 하되, **정당한 보상**을 지급하여야 한다. | \* 재산권의 요소는 사적 유용성 및 처분권이 있을 것을 요하고, 특히 공법상의 재산권에는 수급자의 상당한 자기 기여를 요한다. 즉 건강보험수급권은 재산권이지만, 의료급여수급권은 재산권이 아니다.<br>\* 헌재 → 반대급부를 받지 아니하는 영상저작물 재생 공연은 재산권을 침해하지 않는다.<br>\* 부담금은 조세에 대한 관계에서 어디까지나 예외적으로만 인정<br>\* 정당보상 = 완전보상(6공=3공) |
| **제24조**<br>모든 국민은 법률이 정하는 바에 의하여 선거권을 가진다. | \* 지방자치단체의 장 선거권 역시 헌법상 권리로 인정 (2016헌바372). |

| | |
|---|---|
| **제25조**<br>모든 국민은 법률이 정하는 바에 의하여 공무담임권을 가진다. | * 공무담임권의 보호영역 → 헌재는 **2005헌마1179**에서는 승진시험의 응시제한이나 이를 통한 승진기회의 보장문제는 <u>보호영역에 포함되지 않는다</u>고 판시하였으나, **2017헌마1183**에서는 취임한 뒤 승진할 때에도 균등한 기회 제공을 요구한다고 하여 승진에 대해 보호영역에 **포함**시켰다. 문제는 대비되는 두 가지 판례의 태도가 2019년 각종 헌법문제에서 서로 답이라고 출제되었다는 점이고, 5급 헌법에서는 포함되지 않는 것으로 정답 처리된 바 있다. 복수정답으로 인정할 여지가 있지만 실제로 이의제기에서 정확한 판례를 제시하지 않아서 이의제기가 무산되었다. |
| **제26조**<br>①모든 국민은 법률이 정하는 바에 의하여 국가기관에 문서로 청원할 권리를 가진다.<br>②국가는 청원에 대하여 심사할 의무를 진다. | * 헌법은 청원에 대한 수리와 심사의무만을 규정, 청원법은 결과통지의무까지 규정. 그러나 이유명시의무는 없다. 결과통지의 내용이 청원인의 기대에 미치지 못해도 이에 대해 헌법소원을 제기할 수 없다.<br>* 2019년 법 개정으로 인해 국회에 청원을 하려는 자는 의원의 소개를 받거나 <u>국회규칙으로 정하는 기간동안 국회규칙으로 정하는 일정한 수 이상의 국민의 동의를 받아</u> 청원서를 제출하여야 한다(청원법 제123조 제1항). 그러나 지방의회에 청원을 하려는 자는 여전히 지방의회의원의 소개를 받아 청원서를 제출하여야 한다(지방자치법 제85조 제1항). |
| **제27조**<br>①모든 국민은 <u>헌법과 법률이 정한 법관</u>에 의하여 법률에 의한 재판을 받을 권리를 가진다.<br>②군인 또는 군무원이 아닌 **국민은** <u>대한민국의 영역안에서는</u> 중대한 군사상 기밀·초병·초소·유독음식물공급·포로·군용물에 관한 죄중 <u>법률이 정한 경우</u>와 <u>비상계엄이 선포된 경우</u>를 <u>제외</u>하고는 **군사법원의 재판을 받지 아니한다.** | * 신속 공개는 헌법에 규정, 공정은 헌법에 없다.<br>* 군사재판은 헌법과 법률이 정한 법관에 의한 재판이 아니므로 특별재판에 해당한다.<br>* 국민참여재판을 받을 권리는 헌법상 기본권에 해당하지 않는다(헌재).<br>* 대법원의 재판을 받을 권리는 헌재가 부정, 그러나 헌법재판을 받을 권리는 인정.<br>* 2항 → 일반국민은 원칙적으로 군사재판을 받지 아 |

③모든 국민은 **신속**한 재판을 받을 권리를 가진다. 형사피고인은 상당한 이유가 없는 한 지체없이 **공개**재판을 받을 권리를 가진다.

④형사피고인은 <u>유죄의 판결이 확정</u>될 때까지는 <u>무죄로 추정</u>된다.

⑤<u>형사피해자</u>는 법률이 정하는 바에 의하여 당해 사건의 <u>재판절차에서 진술</u>할 수 있다.

니할 권리를 가진다. 다만 2항의 규정에 따라 ①중대한 군사상 기밀, 초병, 초소, 유독음식물공급, 포로, 군용물에 관한 죄 중 법률이 정한 경우, ②비상계엄이 선포된 경우에는 예외적으로 군사법원의 재판을 받게 된다.

2012헌가10 → 군사시설에 항상 해당하는 구 군형법 제69조 중 '전투용에 공하는 시설'을 손괴한 일반 국민이 군사법원에서 재판받도록 규정하고 있는 군사법원법 조항이 재판을 받을 권리를 침해한다고 판시.

* 5항의 형사피해자 → 넓게 해석. 보호법익을 기준으로 하는 것이 아니라 문제되는 범죄 때문에 법률상 불이익을 받게 되는 자라면 인정. 여기의 형사피해자는 헌법 제30조의 범죄피해자구조청구제도에서의 범죄피해자보다 넓은 개념(30조는 생명과 신체피해자로 한정)

## 제28조

<u>형사피의자</u> 또는 형사<u>피고인</u>으로서 **구금**되었던 자가 법률이 정하는 <u>불기소처분</u>을 받거나 <u>무죄</u> 판결을 받은 때에는 법률이 정하는 바에 의하여 <u>국가에 정당한 보상을 청구</u>할 수 있다.

* 형사피고인의 형사보상 → 구금되었던 자에 한하고, 청구권자가 사망한 경우에는 상속인이 청구할 수 있다(제3조).

* 무죄판결은 면소나 공소기각의 재판을 받은 경우에도 면소 또는 공소기각의 재판을 할 만한 사유가 없었더라면 무죄재판을 받을 만한 현저한 사유가 있었을 경우 무죄재판과 같은 효과를 가지므로 형사보상 청구가능(제26조).

* 보상청구는 무죄재판이 확정된 사실을 안 날로부터 3년, 확정된 때로부터 5년 이내에 청구하여야 한다.

* 헌재 → 형사보상결정에 대한 불복금지는 <u>위헌</u> → 법 개정되어 보상결정에 대해서도 불복이 가능.

* 형사피의자의 형사보상 → 피의자보상청구는 불기소처분 또는 불송치결정의 고지 또는 통지를 받은 날부터 3년 이내에 하여야 한다(28조). 불기소처분 중 혐의없음, 죄가 안됨, 공소권없음은 되지만 기소중지, 기소유예의 경우는 제외된다.

### 제29조

①공무원의 직무상 불법행위로 손해를 받은 국민은 법률이 정하는 바에 의하여 국가 또는 공공단체에 정당한 배상을 청구할 수 있다. 이 경우 공무원 자신의 책임은 면제되지 아니한다.

②군인·군무원·경찰공무원 기타 법률이 정하는 자가 전투·훈련등 직무집행과 관련하여 받은 손해에 대하여는 법률이 정하는 보상외에 국가 또는 공공단체에 공무원의 직무상 불법행위로 인한 배상은 청구할 수 없다.

* 국가배상법 제2조에서는 공공단체 → 지방자치단체로 축소하여 규정. 이중배상금지규정에 해당하는 단서에서는 예비군대원 추가 규정.

* 공무원 → 국가, 지방, 공무수탁사인 포함

* 직무행위범위 → 헌재는 권력작용과 관리작용까지만 포함, 국고행위는 불포함(광의설).
직무행위 판단기준으로는 객관설(외관설)이 통설, 판례

* 국가배상책임의 법적 성질 → 대법원은 고의, 중과실의 경우에는 국가나 공무원에게 선택적으로 청구 가능, 최후에는 공무원에게 구상권을 인정하고, 경과실의 경우에는 국가에게만 청구할 수 있고, 구상권도 부정한다.

* 이중배상금지규정의 효력에서 대법원과 헌재의 구상권에 대한 입장이 다름
대법원 → 이중배상금지규정은 절대적 효력을 가지므로 일반 국민은 자신의 귀책부분을 넘어서 배상한 경우에는 구상권을 인정하지 않는다.
헌재 → 이중배상금지규정은 피해자인 군인과 국가 사이에서만 상대적으로 소멸시키는 규정으로 보아, 일반 국민의 경우까지 구상권을 허용하지 아니한다고 해석하는 한 위헌이라고 한정위헌 결정을 내림.

### 제30조

타인의 범죄행위로 인하여 생명·신체에 대한 피해를 받은 국민은 법률이 정하는 바에 의하여 국가로부터 구조를 받을 수 있다.

* 범죄피해자구조청구권 → 9차 개헌(1987년)에서 최초 규정. 외국인은 국가배상청구와 범죄피해자구조청구권의 경우에는 상호주의를 취한다(상호배구 → 암기법).

* 타인의 범죄행위는 대한민국 영역안이나 대한민국의 선박, 항공기 안에서 발생한 생명, 신체의 피해의 경우로 한정된다. 다만 형법 제20조, 제21조의 정당행위와 정당방위, 과실의 경우에는 구조청구에서 제외된다(정정과 → 암기법!!).

* 2010년 법 개정으로 '가해자의 무자력 또는 불명' 요건이 삭제 → 구조의 범위 확대

| | |
|---|---|
| | 자기 또는 타인의 형사사건의 수사 또는 재판에서 고소 고발 등 수사단서를 제공하거나 진술, 증언 또는 자료제출을 하다가 구조피해자가 된 경우도 인정<br><br>\* 구조청구는 구조대상 범죄피해의 발생을 안 날부터 3년 또는 피해가 발생한 날부터 10년이 지나면 할 수 없다(25조 제2항). |
| **제31조**<br>①모든 국민은 <u>능력</u>에 따라 <u>균등하게 교육을 받을 권리</u>를 가진다.<br>②모든 국민은 그 <u>보호하는 자녀에게</u> 적어도 <u>초등교육과 법률이 정하는 교육을 받게 할 의무</u>를 진다.<br>③<u>의무교육은 무상</u>으로 한다.<br>④교육의 자주성·전문성·정치적 중립성 및 <u>대학의 자율성</u>은 법률이 정하는 바에 의하여 보장된다.<br>⑤국가는 <u>평생교육을 진흥하여야</u> 한다.<br>⑥학교교육 및 평생교육을 포함한 교육제도와 그 운영, 교육재정 및 <u>교원의 지위</u>에 관한 기본적인 사항은 <u>법률로 정한다.</u> | \* 교육을 받을 권리의 주체는 성질상 자연인만 인정, 법인은 제외.<br><br>\* 학생뿐만이 아니라 시민도 평생교육의 향유자로서 교육을 받을 권리를 보장받는다.<br><br>\* 1항에서 규정되어 있는 능력의 의미(헌재) → 법률이 정하는 일정한 교육을 받을 전제조건으로서의 능력을 말하는 것이지, 지능이나 수학능력이 있다고 하여 제한 없이 다른 사람과 차별하여 어떠한 내용과 종류와 기간의 교육을 받을 권리가 보장된다는 것은 아니다.<br><br>\* 헌재 → 자사고와 일반고(후기)의 동시선발조항은 합헌이지만, 중복지원금지조항은 위헌.<br><br>\* 의무교육에서 교육을 받을 권리의 주체는 취학연령의 미성년자, 교육을 받게 할 의무의 주체는 학령아동과 친권자 또는 후견인이다.<br><br>\* 무상의 중등교육을 받을 권리는 법률에서 규정하기 전에는 헌법상 권리로서 보장되는 것은 아니다(헌재). → 현재 교육기본법에서는 6년의 초등교육과 3년의 중등교육을 의무교육으로 명시.<br><br>\* 무상의 범위 → 헌재는 중학교 급식경비 일부 학부모 부담사건에서 급식이 의무교육의 본질적이고 핵심적인 영역이라고 할 수 없다고 하여 합헌으로 판시하였고, 학교운영지원비 징수사건에서는 헌법이 천명하고 있는 의무교육의 무상원칙에 분명히 반한다고 하여 위헌으로 판시하였다.<br><br>\* 교사의 수업권〈학생의 수학권(2005다25298) |

## 제32조

①모든 국민은 <u>근로의 권리</u>를 가진다. 국가는 사회적·경제적 방법으로 <u>근로자의 고용의 증진과 **적정임금**</u>의 보장에 노력하여야 하며, 법률이 정하는 바에 의하여 **최저임금제**를 시행하여야 한다.

②모든 국민은 <u>근로의 의무</u>를 진다. 국가는 <u>근로의 의무의 내용과 조건을 민주주의원칙</u>에 따라 법률로 정한다.

③근로<u>조건의 기준</u>은 <u>인간의 존엄성</u>을 보장하도록 법률로 정한다.

④<u>여자의 근로는 특별한 보호</u>를 받으며, 고용·임금 및 근로조건에 있어서 <u>부당한 차별을 받지 아니한다.</u>

⑤<u>연소자의 근로는 특별한 보호</u>를 받는다.

⑥**국가유공자·상이군경** 및 **전몰군경의 유가족**은 법률이 정하는 바에 의하여 <u>우선적으로 근로의 기회를 부여받는다.</u>

* 근로의 권리란 근로자가 근로관계를 형성하고, 유지하며 국가에 대하여 근로의 기회를 제공해 줄 것을 요구할 수 있는 권리를 말한다(헌재). 개인인 근로자만 주체가 될 수 있고, 노동조합은 그 주체가 될 수 없다고 판시.

* 근로의 권리로부터 국가에 대한 직접적인 직장존속청구권을 도출할 수는 없고, 다만 사용자의 처분에 따른 직장상실에 대하여 최소한의 보호를 제공하여야 할 의무를 국가에 지우는 것이다(헌재). 근로의 권리는 일할 자리에 대한 권리와 일할 환경에 대한 권리로 나눌 수 있는바, 후자에 대해서는 외국인에게도 인정된다(헌재).

* 적정임금은 80년 헌법에서, 최저임금은 87년 헌법에서 신설.

* 전몰군경의 유가족을 제외한 국가유공자의 가족은 6항의 조항에 의한 보호대상에 불포함

## 제33조

①근로자는 근로조건의 향상을 위하여 <u>자주적인 단결권·단체교섭권 및 단체행동권</u>을 가진다.

②**공무원인 근로자**는 <u>법률이 정하는 자에 한하여</u> 단결권·단체교섭권 및 단체행동권을 <u>가진다.</u>

③법률이 정하는 <u>주요방위산업체</u>에 종사하는 근로자의 **단체행동권**은 법률이 정하는 바에 의하여 이를 <u>제한하거나 인정하지 아니할 수 있다.</u>

* 근로3권의 주체는 개인도 단체도 된다.

* 공무원은 헌법상 근로3권의 주체가 아니고 법률에서 정한 공무원, 즉 사실상 노무에 종사하는 공무원이 그 주체가 된다. 공무원의 노동조합설립 및 운영 등에 관한 법률에서는 6급 이하의 공무원 등에게 단결권과 단체교섭권을 인정하였으나, 2021년 법개정을 통해 직급제한을 폐지하고, 소방공무원과 교육공무원(교원은 제외)의 노동조합 가입을 허용하였고, 퇴직공무원 등의 노동조합 가입을 허용하였다. 그러나 단체행동은 금지된다.

* 3항의 주요방위산업체에 종사하는 근로자의 단체행동권은 제한 또는 금지할 수도 있다.

* 헌재는 대학교원들의 단결권을 인정하지 않는 교원

노조법 사건에서, [대학공무원이 아닌 대학교원]과 [교육공무원인 대학교원]으로 나누어, 전자는 과잉금지원칙 위배여부를 기준으로, 후자는 입법형성의 범위를 일탈하였는지 여부 즉 자의금지위배여부를 기준으로 각각 위반된다고 보아 헌법불합치 결정을 하였다. 특히 전자의 과잉금지여부를 기준으로 할 때는 목적의 정당성부터 위반된다고 판시하였다.

* 청원경찰의 경우에는 과거에는 근로3권이 모두 인정되지 않는다고 보았으나, 헌재는 판례를 변경하여 근로3권을 침해한다고 판시하였고, 이후 청원경찰법은 단결권과 단체교섭권을 인정하되, 쟁의행위만을 금지하는 것으로 개정되었다.

---

**제34조**

①모든 국민은 인간다운 생활을 할 권리를 가진다.

②국가는 사회보장·사회복지의 증진에 노력할 의무를 진다.

③국가는 여자의 복지와 권익의 향상을 위하여 노력하여야 한다.

④국가는 노인과 청소년의 복지향상을 위한 정책을 실시할 의무를 진다.

⑤신체장애자 및 질병·노령 기타의 사유로 생활능력이 없는 국민은 법률이 정하는 바에 의하여 국가의 보호를 받는다.

⑥국가는 재해를 예방하고 그 위험으로부터 국민을 보호하기 위하여 노력하여야 한다.

* 헌재는 '최소한의 물질적 생활'을 인간다운 생활을 할 권리의 보장수준으로 본다.
* 사회보장에는 사회보험, 공공부조, 사회서비스를 말한다.
* 공공부조(공적부조, 사회부조)는 갹출을 요건으로 하지 아니하고 필요한 급부를 국가나 지자체가 제공하는 제도이므로 재산권의 대상이 되지 않는다.

---

**제35조**

①모든 국민은 건강하고 쾌적한 환경에서 생활할 권리를 가지며, 국가와 국민은 환경보전을 위하여 노력하여야 한다.

* 환경권에는 자연환경, 인공환경이 모두 포함된다.
* 환경권 자체를 근거로 구체적인 권리는 인정되지 않는다. 다만 헌재는 공직선거운동시 확성장치 사용에 따른 소음규제기준 부재에 대해 국가의 기본권보호

②환경권의 내용과 행사에 관하여는 법률로 정한다.

③국가는 주택개발정책등을 통하여 모든 국민이 <u>쾌적한 주거생활</u>을 할 수 있도록 노력하여야 한다.

의무 위반을 이유로 헌법불합치를 선고하였다(판례 변경).

---

**제36조**

①혼인과 가족생활은 <u>개인의 존엄과 양성의 평등을 기초</u>로 성립되고 유지되어야 하며, 국가는 이를 보장한다.

②국가는 <u>모성의 보호</u>를 위하여 노력하여야 한다.

③모든 국민은 보건에 관하여 국가의 보호를 받는다.

* 87년 헌법에서 모성보호를 신설.
* 1항의 혼인에는 사실혼은 보호범위에 포함되지 않는다(헌재).
* 대법원은 국민으로 태어난 아동의 '출생등록될 권리'를 헌법상 기본권으로 인정(2020스575)
* 부부의 자산소득합산과세와 종합부동산세의 세대별 합산과세는 모두 위헌으로 결정.

---

**제37조**

①국민의 자유와 권리는 헌법에 열거되지 아니한 이유로 경시되지 아니한다.

②국민의 모든 자유와 권리는 <u>국가안전보장·질서유지 또는 공공복리</u>를 위하여 **필요한 경우**에 한하여 <u>법률로써</u> 제한할 수 있으며, 제한하는 경우에도 <u>자유와 권리의 본질적인 내용을 침해할 수 없다.</u>

* 국가안전보장은 72년 유신헌법에서 신설.
* 법률에 의한 제한은 기본권 제한의 형식이 반드시 법률의 형식일 필요는 없고, 법률에 근거를 두는 즉 위임입법에 의한 제한도 가능(헌재).
* 법률은 명확해야 하는바, 모든 법률에 있어서 동일한 정도로 요구되는 것은 아니고 급부적 법률에 비해 침해적, 형사법, 조세법 분야에서 더 엄격하게 요구된다.
* 필요한 경우는 과잉금지원칙 즉 목적의 정당성, 수단의 적합성, 침해의 최소성, 법익균형성을 의미하며 그 어느 하나에라도 저촉이 되면 위헌이 된다는 헌법상 원칙이다(헌재).
* 수단의 적합성에서는 유일한 수단일 것을 요하지는 않으며, 침해의 최소성에서는 그 제한을 필요최소한의 것이 되게 하여야 한다는 것을 말한다.
* 본질적 내용 침해금지는 3차(60년) 헌법에서 최초 규정되었으나 72년 헌법에서 삭제, 80년 헌법에서

| | 부활되어 현재에 이른다. 본질적 부분의 내용에 대해서는 상대설과 절대설이 있는바, 헌재는 절대설 특히 본질적인 부분이 각각의 기본권마다 존재한다고 보았다. 그러나 사형을 인정함으로써 이 부분에 대해서는 상대설의 입장으로 판시하였다. |
|---|---|
| **제38조**<br>모든 국민은 법률이 정하는 바에 의하여 납세의 의무를 진다.<br><br>**제39조**<br>①모든 국민은 법률이 정하는 바에 의하여 국방의 의무를 진다.<br>②누구든지 병역의무의 **이행**으로 인하여 **불이익한 처우**를 받지 아니한다. | * 국방의 의무는 국방을 위한 직 간접의 병력형성의무를 말한다.<br>* 불이익처우의 금지 → 병역의무 '이행중'에 입는 불이익은 해당하지 않고, 법적인 불이익을 말하며, 보상조치를 취하거나 특혜를 주는 것은 불이익이 아니므로 해당하지 않는다.<br>* 헌재는 군법무관출신의 변호사개업지 제한판례에서 위헌으로 판시하였고, 2항과 관련된 다른 사건에서는 모두 합헌으로 판시하였다. |

# 제3장 국회

| **제40조**<br>입법권은 국회에 속한다. | |
|---|---|
| **제41조**<br>①국회는 국민의 보통·평등·직접·비밀선거에 의하여 선출된 국회의원으로 구성한다.<br>②국회의원의 수는 법률로 정하되, 200인 이상으로 한다.<br>③국회의원의 선거구와 비례대표제 기타 선거에 관한 사항은 법률로 정한다. | * 자유선거는 헌법규정에 없다.<br>* 국회의원 수는 300인 이상으로 정할 수 있다(o) → 헌법에는 200인 이상으로 정하면 되기 때문에 헌법의 개정없이도 가능하다.<br>* 양원제가 최초 헌법에 규정된건 52년 1차 개정, 실시된 건 60년 헌법때, 62년 헌법이후로 단원제를 채택해왔다. |

## 대한민국헌법 조문

| | |
|---|---|
| **제42조**<br>국회의원의 임기는 4년으로 한다. | |
| **제43조**<br>국회의원은 <u>법률이 정하는 직을 겸할 수 없다.</u> | * 국회법 제29조 → 의원은 국무총리 또는 국무위원 직 외의 다른 직을 겸할 수 없다. |
| **제44조**<br>①국회의원은 <u>현행범인</u>인 경우를 제외하고는 <u>회기중</u> 국회의 <u>동의없이 체포 또는 구금되지 아니한다.</u><br>②국회의원이 회기<u>전</u>에 <u>체포 또는 구금된 때</u>에는 <u>현행범인이 아닌 한</u> 국회의 <u>요구가 있으면 회기중 석방</u>된다. | * 불체포특권은 면책특권과는 달리 일시적일 뿐이다.<br>* 회기중 → 휴회도 포함하므로 휴회기간 중에도 특권이 인정된다.<br>* 체포 구금 → 형사소송법상의 강제처분 뿐 아니라 행정상의 강제처분도 포함. 다만 불구속으로 수사 또는 형사소추하거나 판결확정 후에 자유형을 집행하는 것은 무방하다.<br>* 현행범이라도 국회회의장 안에서는 국회법 제 150조에 따라서 의장의 명령 없이는 체포할 수 없다.<br>* 불체포특권은 회기가 끝난 후에는 다시 구금할 수 있으며, 회기중에도 형사소추와 처벌을 할 수 있다. |
| **제45조**<br>국회의원은 국회에서 <u>직무상 행한 발언과 표결</u>에 관하여 <u>국회외에서 책임을 지지 아니한다.</u> | * 면책특권이 인정되는 자는 국회의원뿐이고 증인, 청원인 등은 인정되지 않는다.<br>* 국회라 함은 장소적 의미보다는 본회의나 위원회 등의 소관직무와 관련하여 문제가 된 국회의원의 행위가 있어야 함을 의미한다.<br>* 직무상 행위에는 직무집행 그 자체는 물론 부수적 수반행위도 그 대상이 된다.<br>* 면책의 범위는 법적 책임을 의미하므로 민형사상 책임을 지지 않는다. 기간도 영구적이다. |
| **제46조**<br>①국회의원은 <u>청렴의 의무</u>가 있다. | * 헌법상 의무 → 청렴의무, 국가이익우선의무(양심에 따른 직무수행의무), 이권불개입의무(지위남용금지 |

| | |
|---|---|
| ②국회의원은 <u>국가이익을 우선</u>하여 <u>양심에 따라</u> 직무를 행한다.<br>③국회의원은 그 <u>지위를 남용</u>하여 국가·공공단체 또는 기업체와의 계약이나 그 처분에 의하여 <u>재산상의 권리·이익 또는 직위를 취득</u>하거나 <u>타인을 위하여 그 취득을 알선할 수 없다.</u> | 의무), 겸직금지의무(43조)<br>* 국회법상 의무 → 품위유지의무, 본회의 및 위원회의 출석의무 등이 있다. |
| **제47조**<br>①국회의 <u>정기회</u>는 법률이 정하는 바에 의하여 <u>매년 1회</u> 집회되며, 국회의 <u>임시회</u>는 **대통령** 또는 **국회재적의원 4분의 1 이상**의 요구에 의하여 집회된다.<br>②정기회의 회기는 <u>100일</u>을, 임시회의 회기는 <u>30일</u>을 초과할 수 없다.<br>③<u>대통령이 임시회의 집회를 요구할 때에는 기간과 집회요구의 이유를 명시</u>하여야 한다. | * 정기회는 국회법에서 매년 9월 1일에 집회한다고 규정. 매년 정기회 집회일 이전에 감사시작일부터 30일 이내에 감사를 실시한다. 다만 본회의 의결로 정기회 기간 중에 감사를 실시할 수 있다(국감법 제2조).<br>* 입법기 또는 의회기 → 국회가 구성되는 시기부터 만료되거나 해산되기까지의 시기<br>* 회기 → 소집일부터 기산하여 폐회일까지, 휴회일수도 회기에 산입한다. |
| **제48조**<br>국회는 의장 <u>1인</u>과 부의장 <u>2인</u>을 선출한다. | * 의장과 부의장은 국회에서 무기명투표로 선거하고 재적의원 과반수의 득표로 당선된다(국회법 제15조).<br>* 의장은 위원회에 출석하여 발언가능, 표결은 불가능하다(국회법 제11조).<br>* 의장이 토론에 참가할 때에는 의장석에서 물러나야 하며, 그 안건에 대한 표결이 끝날때까지 의장석으로 돌아갈 수 없다(국회법 제107조).<br>* 국회의장의 중립성을 보장하기 위하여 국회의장은 당선된 다음 날부터 당적을 가질 수 없다(국회법 제20조의2). 다만 총선거에서 정당추천후보자로 추천을 받으려는 경우에는 의원 임기만료일 90일 전부터 당적을 가질 수 있다.<br>* 비례대표국회의원이 국회의장으로 당선되어 국회법에 의하여 당적을 이탈한 경우에는 퇴직되지 않는다(공선법 제192조 4항 단서) |

| | |
|---|---|
| **제49조**<br>국회는 헌법 또는 법률에 특별한 규정이 없는 한 <u>재적의원 과반수의 출석</u>과 <u>출석의원 과반수의 찬성으로 의결</u>한다. <u>가부동수인 때에는 부결</u>된 것으로 본다. | * 다수결의 원칙<br>* 특별의결정족수중 30명 이상 → **자**격심사의 청구, 일반의안 **수**정동의, 위원회에서 **폐**기된 법률안 본회의 부의(국회법 제138, 95조1항, 87조1항)<br>* 50명 이상 → 예산안에 대한 수정동의(95조1항) |
| **제50조**<br>①국회의 <u>회의는 공개</u>한다. 다만, <u>출석의원 과반수의 찬성</u>이 있거나 <u>의장이 국가의 안전보장을 위하여 필요하다고 인</u>정할 때에는 <u>공개하지 아니할 수 있다.</u><br>②공개하지 아니한 회의내용의 공표에 관하여는 법률이 정하는 바에 의한다. | * 의사공개의 원칙 → 본회의, 위원회 회의, 소위원회 회의 모두 공개원칙.<br>* 의사비공개 → 출석의원 과반수의 동의가 있거나, 의장이 국가의 안정보장을 위하여 필요한 경우(헌법 제50조1항), 국회법은 의장의 제의 또는 의원 10명 이상의 동의로 본회의 의결이 있거나 의장이 각 교섭단체 대표의원과 협의하여 국가의 안전보장을 위하여 필요하다고 인정할 때 비공개 가능(75조).<br>* 일사부재의 원칙 → 국회법 제92조는 '부결된 안건은 같은 회기 중에 다시 발의하거나 제출할 수 없다.'고 규정. |
| **제51조**<br>국회에 <u>제출된</u> 법률안 기타의 의안은 <u>회기중에 의결되지 못한 이유로 폐기되지 아니한다.</u> 다만, 국회의원의 <u>임기가 만료된 때에는 그러하지 아니하다.</u> | * 회기계속의 원칙 → 회기중에 의결되지 못한 의안도 폐기되지 아니하고 다음 회기에서 계속 심의할 수 있다는 원칙. |
| **제52조**<br><u>**국회의원과 정부**</u>는 법률안을 제출할 수 있다. | * 개별 국회의원이 법률안을 발의할 때는 10명 이상의 찬성이 있어야 한다. 예산상 조치를 수반하는 경우도 같다. 위원회가 법률안을 제출할 때는 10명 이상의 찬성을 요하지는 않는다.<br>* 위원회는 제정법률안 및 전문개정법률안에 대하여는 공청회 또는 청문회를 개최하여야 한다. 다만 위원회의 의결로 이를 생략할 수 있다.<br>* 축조심사(법률안을 축조낭독하여 한 조씩 심사하는 |

| | 방법) → 위원회는 축조심사를 생략할 수 있지만, 제정법률안, 전문개정법률안에 대하여는 이를 생략할 수 없도록 하였고, 특히 소위원회는 회부된 안건의 축조심사를 생략할 수 없도록 하였다. |
|---|---|

**제53조**

①국회에서 의결된 법률안은 정부에 이송되어 15일 이내에 대통령이 공포한다.

②법률안에 이의가 있을 때에는 대통령은 제1항의 기간내에 이의서를 붙여 국회로 환부하고, 그 재의를 요구할 수 있다. 국회의 폐회중에도 또한 같다.

③대통령은 법률안의 **일부**에 대하여 또는 법률안을 **수정**하여 재의를 요구할 수 없다.

④재의의 요구가 있을 때에는 국회는 재의에 붙이고, 재적의원과반수의 출석과 출석의원 3분의 2 이상의 찬성으로 **전과 같은 의결**을 하면 그 법률안은 법률로서 **확정**된다.

⑤대통령이 제1항의 기간내에 공포나 재의의 요구를 하지 아니한 때에도 그 법률안은 법률로서 **확정**된다.

⑥대통령은 제4항과 제5항의 규정에 의하여 **확정**된 법률을 **지체없이** 공포하여야 한다. 제5항에 의하여 법률이 확정된 후 또는 제4항에 의한 확정법률이 정부에 이송된 후 **5일 이내**에 대통령이 공포하지 아니할 때에는 **국회의장이 이를 공포**한다.

⑦법률은 특별한 규정이 없는 한 공포한 날로부터 20일을 경과함으로써 효력을 발생한다.

**제54조**

①국회는 국가의 예산안을 심의·확정한다.

②정부는 회계연도마다 예산안을 편성하여 회계연도 개시 90일전까지 국회에 제출하고, 국회는 회계연도 개시 30일전까지 이를 의결하여야 한다.

③새로운 회계연도가 개시될 때까지 예산안이 의결되지 못한 때에는 정부는 국회에서 예산안이 의결될 때까지 다음의 목적을 위한 경비는 전년도 예산에 준하여 집행할 수 있다.

1. 헌법이나 법률에 의하여 설치된 기관 또는 시설의 유지·운영
2. 법률상 지출의무의 이행
3. 이미 예산으로 승인된 사업의 계속

* 예산은 법규범이지만 헌법은 법률과 구분되는 형식을 갖는 예산비법률주의를 택하고 있다.
* 예산은 비법률이므로 공권력의 행사에 해당하지 않으므로 헌법소원의 대상이 되지 않는다(헌재).
* 3항은 준예산이라 부른다.

**제55조**

①한 회계연도를 넘어 계속하여 지출할 필요가 있을 때에는 정부는 연한을 정하여 계속비로서 국회의 의결을 얻어야 한다.

②예비비는 총액으로 국회의 의결을 얻어야 한다. 예비비의 지출은 차기국회의 승인을 얻어야 한다.

* 계속비 → 1회계년도를 넘어 계속 지출하는 예산을 말하고 국가재정법은 지출연한을 '당해 회계연도부터 5년 이내, 예외적으로 10년 이내'라고 규정하고 있다.
* 예비비 → 예산초과지출에 충당할 필요가 있을 때에 지출하는 예산을 말하며, 일반회계 예산총액의 100분의 1 이내의 범위에서 총액으로 국회의 의결을 얻어야 한다.

**제56조**

정부는 예산에 변경을 가할 필요가 있을 때에는 추가경정예산안을 편성하여 국회에 제출할 수 있다.

* 추가경정예산이란 이미 성립된 예산에 변경을 가할 필요가 있을 때 편성한다.

| | |
|---|---|
| **제57조**<br><br>국회는 **정부의 동의없이** 정부가 제출한 지출예산 각항의 금액을 <u>증가</u>하거나 <u>새 비목을 설치</u>할 수 **없다.** | |

| | |
|---|---|
| **제58조**<br><br><u>국채를 모집</u>하거나 <u>예산외에 국가의 부담이 될 계약을 체결</u>하려 할 때에는 정부는 <u>미리 국회의 의결</u>을 얻어야 한다. | |

| | |
|---|---|
| **제59조**<br><br>조세의 <u>종목과 세율</u>은 법률로 정한다. | * 전기사용자에 대한 전기요금 부과(2017헌가25) → 전기요금은 전기판매사업자가 전기사용자와 체결한 전기공급계약에 따라 전기를 공급하고 그에 대한 대가로 전기사용자에게 부과되는 것으로서 부담금과는 명백히 구분된다. 즉 전기사용자의 재산권이 직접적으로 제한된다고 볼 수 없고, 한전이 전기요금을 부과하는 것이 국민의 재산권에 제한을 가하는 행정작용에 해당한다고 볼 수 없다.<br><br>* 과세요건뿐만 아니라 조세의 부과 징수절차고 법률에 의하여야 한다. 조세감면의 근거 역시 법률로 정할 것을 요구한다(헌재). |

| | |
|---|---|
| **제60조**<br><br>①국회는 <u>상호원조 또는 안전보장</u>에 관한 조약, <u>중요한 국제조직</u>에 관한 조약, <u>우호통상항해조약</u>, <u>주권의 제약</u>에 관한 조약, <u>강화조약</u>, 국가나 국민에게 <u>중대한 재정적 부담을 지우는</u> 조약 또는 <u>입법사항에 관한</u> 조약의 체결·비준에 대한 동의권을 가진다.<br><br>②국회는 <u>선전포고</u>, <u>국군의 외국에의 파견</u> 또는 **외국군대의 대한민국 영역안에서의 주류**에 대한 동의권을 가진다. | |

# 대한민국헌법 조문

### 제61조

①국회는 국정을 감사하거나 특정한 국정사안에 대하여 조사할 수 있으며, 이에 필요한 서류의 제출 또는 증인의 출석과 증언이나 의견의 진술을 요구할 수 있다.

②국정감사 및 조사에 관한 절차 기타 필요한 사항은 법률로 정한다.

* 국정감사는 제헌헌법에서 채택되었다가 72년 폐지, 87년 헌법에서 부활
* 국정조사는 80년 헌법에서 신설.
* 국정감사는 대상이 국정전반이고, 조사는 특정 사안이다. 둘 다 공개가 원칙.
* 2012년 법 개정으로 인해 '매년 정기회 집회일 이전에 30일 이내의 기간'을 정하여 국정감사를 실시한다. 다만 본회의 의결로 정기회 기간 중에 감사를 실시할 수 있다(국감법 제2조).

### 제62조

①국무총리·국무위원 또는 정부위원은 국회나 그 위원회에 출석하여 국정처리상황을 보고하거나 의견을 진술하고 질문에 응답할 수 있다.

②국회나 그 위원회의 요구가 있을 때에는 국무총리·국무위원 또는 정부위원은 출석·답변하여야 하며, 국무총리 또는 국무위원이 출석요구를 받은 때에는 국무위원 또는 정부위원으로 하여금 출석·답변하게 할 수 있다.

* 1항은 권한이고, 2항은 의무조항이다.
* 의원내각제국가에서는 당연하나, 대통령제국가에서는 이례적인 것이다.

### 제63조

①국회는 국무총리 또는 국무위원의 해임을 대통령에게 건의할 수 있다.

②제1항의 해임건의는 국회재적의원 3분의 1 이상의 발의에 의하여 국회재적의원 과반수의 찬성이 있어야 한다.

* 해임건의 정족수=탄핵소추 정족수, 대통령에 대한 해임건의는 대통령을 해임할 수 있는 자가 없으므로 존재하지 않는다.
* 해임건의안은 본회의에 보고된 때로부터 24시간 이후 72시간 이내에 무기명투표로 표결한다. 이 기간 내에 표결하지 아니한 때에는 그 해임건의안은 폐기된 것으로 본다(국회법 제112조7항).
* 위헌이나 위법해야 하는 탄핵소추사유와는 달리 해임건의 사유는 제약이 없다. 건의의 효과도 아무런 법적 구속력이 없다.

**제64조**

①국회는 **법률**에 저촉되지 아니하는 범위안에서 의사와 내부규율에 관한 규칙을 제정할 수 있다.

②국회는 의원의 자격을 심사하며, 의원을 징계할 수 있다.

③의원을 **제명**하려면 **국회재적의원 3분의 2 이상의 찬성**이 있어야 한다.

④제2항과 제3항의 처분에 대하여는 법원에 제소할 수 없다.

* 자격심사, 제명, 징계에 대하여 법원에 제소할 수 없다.
* 윤리특별위원회는 비상설위원회

---

**제65조**

①대통령·국무총리·국무위원·행정각부의 장·/**헌법재판소 재판관·법관**·/중앙선거관리위원회위원·/감사원장·감사위원/기타 법률이 정한 공무원이 그 직무집행에 있어서 헌법이나 법률을 위배한 때에는 **국회**는 탄핵의 소추를 의결할 수 있다.

②제1항의 탄핵소추는 **국회재적의원 3분의 1 이상의 발의**가 있어야 하며, 그 **의결은 국회재적의원 과반수의 찬성**이 있어야 한다. 다만, **대통령에 대한 탄핵소추는 국회재적의원 과반수의 발의**와 국회**재적의원 3분의 2 이상의 찬성**이 있어야 한다.

③탄핵소추의 의결을 받은 자는 탄핵심판이 있을 때까지 그 권한행사가 정지된다.

④탄핵결정은 공직으로부터 파면함에 그친다. 그러나, 이에 의하여 민사상이나 형사상의 책임이 면제되지는 아니한다.

* 국회의원은 탄핵대상에서 제외.
* 탄핵사유는 헌법이나 법률을 위반해야 한다. 해임사유와 구별
* 탄핵절차에서 적법절차원칙은 적용되지 않는다. 국가기관과 국민의 관계가 아니므로.
* 탄핵으로 인한 권한의 정지시점은 헌법에 없고 국회법 제134조 제2항에 의해 소추의결서가 본인에게 송달된 때부터 탄핵심판이 있을 때까지 정지된다고 규정.
* 국회법제사법위원장이 소추위원이 된다.
* 탄핵의 결정은 징계적 처벌이므로 탄핵결정과 민형사재판간에는 일사부재리 원칙이 적용되지 아니한다(헌재법 제54조 제1항).
* 탄핵결정은 선고를 받은 날로부터 5년간 공무원이 될 수 없다(헌재법 제54조2항).

# 제4장 정부

## 제1절 대통령

---

**제66조**

①대통령은 국가의 원수이며, 외국에 대하여 국가를 대표한다.

②대통령은 국가의 독립·영토의 보전·국가의 계속성과 헌법을 수호할 책무를 진다.

③대통령은 조국의 평화적 통일을 위한 성실한 의무를 진다.

④행정권은 대통령을 수반으로 하는 정부에 속한다.

---

**제67조**

①대통령은 국민의 보통·평등·직접·비밀선거에 의하여 선출한다.

②제1항의 선거에 있어서 최고득표자가 2인 이상인 때에는 국회의 재적의원 과반수가 출석한 공개회의에서 다수표를 얻은 자를 당선자로 한다.

③대통령후보자가 1인일 때에는 그 득표수가 선거권자 총수의 3분의 1 이상이 아니면 대통령으로 당선될 수 없다.

④대통령으로 선거될 수 있는 자는 국회의원의 피선거권이 있고 선거일 현재 40세에 달하여야 한다.

⑤대통령의 선거에 관한 사항은 법률로 정한다.

---

**제68조**

①대통령의 임기가 만료되는 때에는 <u>임기만료 70일 내지 40일전</u>에 후임자를 **선거한다.**

②대통령이 <u>궐위된 때</u> 또는 대통령 <u>당선자가 사망하거나 판결 기타의 사유로 그 자격을 상실한</u> 때에는 **60일 이내에 후임자를 선거**한다.

---

**제69조**

대통령은 취임에 즈음하여 다음의 선서를 한다. "나는 헌법을 준수하고 국가를 보위하며 조국의 평화적 통일과 국민의 자유와 복리의 증진 및 <u>민족문화의 창달</u>에 노력하여 대통령으로서의 <u>직책을 성실히 수행할 것</u>을 국민 앞에 엄숙히 선서합니다."

\* 헌재 → '성실한 직책수행의무'는 헌법적 의무에 해당하나, 사법적 판단의 대상이 될 수 없다고 본다.

---

**제70조**

대통령의 임기는 <u>5년</u>으로 하며, **중임할 수 없다.**

---

**제71조**

대통령이 <u>궐위되거나 사고로 인하여 직무를 수행할 수 없을 때</u>에는 <u>국무총리, 법률이 정한 국무위원의 순서</u>로 그 권한을 대행한다.

\* 국무총리 → 기획재정부 장관 → 교육부 장관 → 과학기술정보통신부장관 → 외교부장관 순

---

**제72조**

대통령은 <u>필요하다고 인정할 때</u>에는 <u>외교·국방·통일 기타 국가안위에 관한 중요정책</u>을 국민투표에 **붙일 수 있다.**

\* 우리 헌법상 국민투표제 최초 도입은 54년 2차, '헌법개정안'에 대한 헌법투표는 최초 도입이 62년 5차 개정헌법이다.

\* 헌재 → 선거는 인물에 대한 결정이고, 국민투표는 정책에 대한 결정이다. 신임만을 묻는 국민투표뿐만

| | |
|---|---|
| | 아니라 정책과 연계한 신임국민투표도 72조에 포함되지 않는다. 신임국민투표를 제안하는 대통령의 행위는 **위헌**, 그러나 이에 대한 <u>헌법소원심판은 청구할 수 없다.</u> 이는 국민들의 법적 지위에 어떠한 영향도 미친다고 볼 수 없기 때문. |

| | |
|---|---|
| **제73조**<br><br>대통령은 조약을 <u>체결·비준</u>하고, 외교사절을 <u>신임·접수 또는 파견</u>하며, <u>선전포고와 강화</u>를 한다. | |

| | |
|---|---|
| **제74조**<br><br>①대통령은 헌법과 법률이 정하는 바에 의하여 <u>국군을 통수</u>한다.<br>②국군의 조직과 편성은 법률로 정한다. | |

| | |
|---|---|
| **제75조**<br><br>대통령은 법률에서 <u>구체적</u>으로 범위를 정하여 <u>위임</u>받은 사항과 법률을 <u>집행</u>하기 위하여 필요한 사항에 관하여 <u>대통령령</u>을 발할 수 있다. | |

| | |
|---|---|
| **제76조**<br><br>①대통령은 <u>내우·외환·천재·지변</u> 또는 **중대한 재정·경제상의 위기**에 있어서 **국가의 안전보장 또는 공공의 안녕질서**를 유지하기 위하여 긴급한 조치가 필요하고 국회의 **집회를 기다릴 여유가 없을 때**에 한하여 최소한으로 필요한 <u>재정·경제상의 처분</u>을 하거나 이에 관하여 법률의 효력을 가지는 <u>명령을 발할 수 있다.</u> | * 국회의 집회가 불가능 → 긴급명령(2항)<br>* 집회를 기다릴 여유가 없을 때 → 긴급재정명령(1항)<br>* 1항과 2항의 경우 승인의 의결정족수에 대한 규정은 없다. |

②대통령은 국가의 안위에 관계되는 중대한 교전상태에 있어서 국가를 보위하기 위하여 긴급한 조치가 필요하고 국회의 **집회가 불가능**한 때에 한하여 법률의 효력을 가지는 명령을 발할 수 있다.

③대통령은 제1항과 제2항의 처분 또는 명령을 한 때에는 지체없이 국회에 보고하여 그 승인을 얻어야 한다.

④제3항의 승인을 얻지 못한 때에는 그 처분 또는 명령은 **그때부터** 효력을 상실한다. 이 경우 그 명령에 의하여 개정 또는 폐지되었던 법률은 그 명령이 **승인을 얻지 못한 때부터** 당연히 효력을 회복한다.

⑤대통령은 제3항과 제4항의 사유를 지체없이 공포하여야 한다.

**제77조**

①대통령은 전시·사변 또는 이에 준하는 국가비상사태에 있어서 **병력**으로써 군사상의 필요에 응하거나 공공의 안녕질서를 유지할 필요가 있을 때에는 법률이 정하는 바에 의하여 계엄을 선포할 수 있다.

②계엄은 비상계엄과 경비계엄으로 한다.

③**비상**계엄이 선포된 때에는 법률이 정하는 바에 의하여 **영장**제도, **언론·출판·집회·결사**의 자유, **정부나 법원의 권한**에 관하여 특별한 조치를 할 수 있다.

④계엄을 선포한 때에는 대통령은 지체없이 국회에 통고하여야 한다.

⑤국회가 **재적의원 과반수의 찬성**으로 계엄의

* 계엄을 선포하고 나서 국회에 통고하여야 하는바, 국회가 폐회 중이면 지체없이 임시회의 소집을 청구할 수 있다(계엄법 제4조2항).
* 비상계엄시 헌법상 기본권의 제한 → **영장, 표현의 자유**, 정부나 법원의 권한 → 국회의 권한에 대해서는 조치를 취할 수 없다. 국회만이 유일하게 계엄을 해제할 수 있으므로
* 계엄법 제9조 비상계엄시 기본권 제한 → 체포 구금 압수 수색(영장), **거주 이전**, 언론 출판 집회 결사(표현의 자유), **단체행동**, **재산권**에 대한 조치를 할 수 있다.

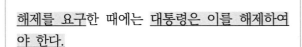

해제를 요구한 때에는 대통령은 이를 해제하여야 한다.

**제78조**

대통령은 헌법과 법률이 정하는 바에 의하여 공무원을 임면한다.

**제79조**

①대통령은 법률이 정하는 바에 의하여 사면·감형 또는 복권을 명할 수 있다.

②**일반**사면을 명하려면 **국회의 동의**를 얻어야 한다.

③사면·감형 및 복권에 관한 사항은 법률로 정한다.

* 국회의 동의가 필요한 경우는 일반사면이지만, 국무회의의 심의를 받아야 하는 것은 일반, 특별사면 모두가 해당한다.

* 일반사면은 형 선고의 효력을 상실시키는 것이고, 특별사면은 형의 집행이 면제되지만 특별한 사정이 있다면 형 선고의 효력을 상실하게 할 수 있다.

**제80조**

대통령은 법률이 정하는 바에 의하여 훈장 기타의 영전을 수여한다.

**제81조**

대통령은 국회에 출석하여 발언하거나 서한으로 의견을 표시할 수 있다.

**제82조**

대통령의 국법상 행위는 문서로써 하며, 이 문서에는 국무총리와 관계 국무위원이 부서한다. 군사에 관한 것도 또한 같다.

| **제83조**<br>대통령은 국무총리·국무위원·행정각부의 장 기타 법률이 정하는 <u>공사의 직을 겸할 수 없다.</u> | |
| --- | --- |
| **제84조**<br>대통령은 **내란 또는 외환의 죄**를 범한 경우를 제외하고는 **재직중 형사상의 소추를 받지 아니한다**. | * 불소추특권 → 형사소추는 엄밀하게는 기소를 의미하지만, 재직 중 형사피고인으로서 괏포 구속당하지 않을 뿐만 아니라 증인으로서도 구인당하지 아니한다. 소추는 불가능하지만 수사기관의 수사는 가능하다. 국회는 위헌 위법의 경우라면 탄핵소추할 수는 있다. |
| **제85조**<br>전직대통령의 신분과 예우에 관하여는 법률로 정한다. | |

## 제2절 행정부

### 제1관 국무총리와 국무위원

| **제86조**<br>①국무총리는 <u>국회의 동의</u>를 얻어 <u>대통령이 임명</u>한다.<br>②국무총리는 대통령을 보좌하며, <u>행정에 관하여 대통령의 명을 받아 행정각부를 통할</u>한다.<br>③군인은 <u>현역을 면한 후가 아니면</u> 국무총리로 임명될 수 없다. | * 모든 중앙행정기관이 2항의 행정각부에 해당하는 것은 아니어서, 국무총리의 통할을 받지 아니하는 중앙행정기관이 존재한다. 헌재는 국가안전기획부에 대한 판례에서 이를 인정하였다.<br>* 국무총리는 헌정사에서 2차(54년)때 유일하게 폐지된 적이 있다. |

| | |
|---|---|
| **제87조**<br>①국무위원은 <u>국무총리의 제청</u>으로 <u>대통령이 임명</u>한다.<br>②국무위원은 국정에 관하여 대통령을 보좌하며, <u>국무회의의 구성원으로서 국정을 심의</u>한다.<br>③<u>국무총리는 국무위원의 해임</u>을 대통령에게 <u>건의할 수 있다.</u><br>④군인은 <u>현역을 면한 후가 아니면</u> 국무위원으로 임명될 수 없다. | * 국무총리의 직무대행: 기재부장관 → 교육부장관 → **대통령의 지명을 받은 국무위원** → 과기부 → 외교부장관 순 |

**제2관 국무회의**

| | |
|---|---|
| **제88조**<br>①국무회의는 정부의 권한에 속하는 중요한 정책을 심의한다.<br>②국무회의는 **대통령·국무총리와 15인이상 30인이하의 국무위원**으로 구성한다.<br>③대통령은 <u>국무회의의 의장</u>이 되고, <u>국무총리는 부의장</u>이 된다. | * 대통령과 국무총리는 국무회의의 구성원이지만, 국무위원은 아니다. 따라서 국무회의의 구성원은 헌법상 최대 32명이다(o).<br>* 국무회의는 심의기관이고 대통령을 구속하는 것도 아니다. |

| | |
|---|---|
| **제89조**<br>다음 사항은 국무회의의 심의를 거쳐야 한다.<br>1. 국정의 기본계획과 정부의 일반정책<br>2. 선전·강화 기타 중요한 대외정책<br>3. 헌법개정안·국민투표안·조약안·법률안 및 **대통령령안**<br>4. 예산안·결산·국유재산처분의 기본계획·국가의 부담이 될 계약 기타 재정에 관한 중요사항<br>5. 대통령의 긴급명령·긴급재정경제처분 및 명 | |

령 또는 **계엄과 그 해제**
6. 군사에 관한 중요사항
7. 국회의 임시회 집회의 요구
8. 영전수여
9. **사면**·감형과 복권
10. 행정각부간의 권한의 획정
11. 정부안의 권한의 위임 또는 배정에 관한 기본계획
12. 국정처리상황의 평가·분석
13. 행정각부의 중요한 정책의 수립과 조정
14. 정당해산의 제소
15. 정부에 제출 또는 회부된 정부의 정책에 관계되는 청원의 심사
16. 검찰총장·합동참모의장·각군참모총장·국립대학교총장·대사 기타 법률이 정한 공무원과 국영기업체관리자의 임명
17. 기타 대통령·국무총리 또는 국무위원이 제출한 사항

**제90조**

①국정의 중요한 사항에 관한 대통령의 자문에 응하기 위하여 국가원로로 구성되는 국가원로자문회의를 둘 수 있다.

②국가원로자문회의의 의장은 직전대통령이 된다. 다만, 직전대통령이 없을 때에는 대통령이 지명한다.

③국가원로자문회의의 조직·직무범위 기타 필요한 사항은 법률로 정한다.

**제91조**

①국가안전보장에 관련되는 대외정책·군사정책과 국내정책의 수립에 관하여 국무회의의 심의에 앞서 대통령의 자문에 응하기 위하여 국가안전보장회의를 둔다.

②국가안전보장회의는 대통령이 주재한다.

③국가안전보장회의의 조직·직무범위 기타 필요한 사항은 법률로 정한다.

---

**제92조**

①평화통일정책의 수립에 관한 대통령의 자문에 응하기 위하여 민주평화통일자문회의를 둘 수 있다.

②민주평화통일자문회의의 조직·직무범위 기타 필요한 사항은 법률로 정한다.

---

**제93조**

①국민경제의 발전을 위한 중요정책의 수립에 관하여 대통령의 자문에 응하기 위하여 국민경제자문회의를 둘 수 있다.

②국민경제자문회의의 조직·직무범위 기타 필요한 사항은 법률로 정한다.

* 국가안전보장회의만이 헌법상 대통령의 자문기관 중 필수기관이고, 나머지 민주평화통일자문회의, 국민경제자문회의, 국가원로자문회의는 헌법상 임의기관이다. 국가과학기술자문회의는 법률상 임의기관일 뿐이다(헌법 제127조).

## 제3관 행정각부

**제94조**

행정각부의 장은 **국무위원 중에서** 국무총리의 제청으로 대통령이 임명한다.

| **제95조**<br>국무총리 또는 행정각부의 장은 소관사무에 관하여 법률이나 대통령령의 위임 또는 직권으로 <u>총리령 또는 부령</u>을 발할 수 있다. | |
|---|---|

| **제96조**<br>행정각부의 설치·조직과 직무범위는 법률로 정한다. | |
|---|---|

## 제4관 감사원

| **제97조**<br>국가의 <u>세입·세출의 결산</u>, 국가 및 법률이 정한 단체의 <u>회계검사</u>와 행정기관 및 공무원의 <u>직무에 관한 감찰</u>을 하기 위하여 **대통령 소속하**에 감사원을 <u>둔다.</u> | * 직무감찰의 대상에서 <u>국회 법원</u> 헌재에 속한 공무원은 감찰의 대상에서 제외된다(감사원법 제24조 3항). |
|---|---|

| **제98조**<br>①감사원은 **원장을 포함한 5인 이상 11인 이하**의 <u>감사위원</u>으로 구성한다.<br>②원장은 **국회의 동의**를 얻어 <u>대통령</u>이 임명하고, 그 임기는 <u>4년으로 하며, 1차에 한하여 중임할 수 있다.</u><br>③감사위원은 <u>원장의 제청</u>으로 대통령이 임명하고, 그 임기는 <u>4년으로 하며, 1차에 한하여 중임할 수 있다.</u> | * 감사원법 제3조에서는 감사원장을 포함한 7인의 감사위원으로 구성한다고 규정.<br>* 감사원장 권한대행 → 감사위원으로 최장기간 재직한 감사위원이 대행, 기간이 같으면 연장자가 대행한다. |
|---|---|

| | |
|---|---|
| **제99조**<br>감사원은 <u>세입·세출의 결산</u>을 <u>매년 검사</u>하여 **대통령과 차년도국회**에 그 결과를 <u>보고</u>하여야 한다. | |

| | |
|---|---|
| **제100조**<br>감사원의 조직·직무범위·감사위원의 자격·감사대상공무원의 범위 기타 필요한 사항은 법률로 정한다. | * 감사원 규칙제정권 → 감사원은 법령에 저촉되지 않는 범위 안에서 규칙제정권이 있는 바 헌법이 아닌 감사원법에 근거한다. |

## 제5장 법원

| | |
|---|---|
| **제101조**<br>①사법권은 법관으로 구성된 법원에 속한다.<br>②법원은 최고법원인 <u>대법원과 각급법원</u>으로 조직된다.<br>③법관의 자격은 법률로 정한다. | |

| | |
|---|---|
| **제102조**<br>①대법원에 <u>부를 둘 수 있다.</u><br>②대법원에 <u>대법관을 둔다</u>. 다만, 법률이 정하는 바에 의하여 <u>대법관이 아닌 법관</u>을 둘 수 있다.<br>③대법원과 각급법원의 조직은 법률로 정한다. | * 대법관의 수는 법원조직법에서 14명으로 정하고 있다. 부는 3인 이상으로 구성한다. |

| | |
|---|---|
| **제103조**<br>법관은 <u>헌법과 법률</u>에 의하여 그 <u>양심</u>에 따라 <u>독립</u>하여 심판한다. | |

**제104조**

①대법원장은 **국회의 동의**를 얻어 대통령이 임명한다.

②대법관은 대법원장의 제청으로 **국회의 동의**를 얻어 대통령이 임명한다.

③대법원장과 대법관이 아닌 법관은 대법관회의의 동의를 얻어 대법원장이 임명한다.

---

**제105조**

①대법원장의 임기는 6년으로 하며, **중임할 수 없다.**

②대법관의 임기는 6년으로 하며, 법률이 정하는 바에 의하여 연임할 수 있다.

③대법원장과 대법관이 아닌 법관의 임기는 10년으로 하며, 법률이 정하는 바에 의하여 연임할 수 있다.

④법관의 정년은 법률로 정한다.

* 법원조직법 제45조 → 대법원장과 대법관 정년은 70세, 법관의 정년은 65세로 한다.
* 법관의 임기는 헌법에서, 정년은 헌법에 근거하여 법률에서 정한다.

---

**제106조**

①법관은 탄핵 또는 금고 이상의 형의 선고에 의하지 아니하고는 파면되지 아니하며, 징계처분에 의하지 아니하고는 정직·감봉 기타 불리한 처분을 받지 아니한다.

②법관이 중대한 심신상의 장해로 직무를 수행할 수 없을 때에는 법률이 정하는 바에 의하여 퇴직하게 할 수 있다.

## 제107조

①법률이 헌법에 위반되는 여부가 **재판의 전제**가 된 경우에는 **법원은 헌법재판소에 제청**하여 그 심판에 의하여 재판한다.

②**명령·규칙 또는 처분이 헌법이나 법률에 위반되는 여부**가 **재판의 전제**가 된 경우에는 대법원은 이를 최종적으로 심사할 권한을 가진다.

③재판의 전심절차로서 행정심판을 할 수 있다. 행정심판의 절차는 법률로 정하되, 사법절차가 준용되어야 한다.

* 재판의 전제성(헌재) → ①구체적인 사건이 법원에 계속중이어야 하고, ②위헌여부가 문제되는 법률이 재판에 적용되는 것이어야 하며, ③법률의 위헌여부에 따라 다른 내용의 재판을 하게 되는 경우를 말한다.

* 3항은 행정심판 임의주의 인정. 사법절차가 준용되어야 하는 경우는 필수적 행정심판전치주의의 경우에만 해당한다. 임의적인 경우는 재판 그 자체로 진행되므로 사법절차가 준용될 필요가 없고, 아예 사법절차 그 자체에 따른다.

## 제108조

대법원은 **법률**에서 저촉되지 아니하는 범위안에서 소송에 관한 절차, 법원의 내부규율과 사무처리에 관한 규칙을 제정할 수 있다.

## 제109조

재판의 심리와 판결은 공개한다. 다만, **심리**는 국가의 안전보장 또는 안녕질서를 방해하거나 선량한 풍속을 해할 염려가 있을 때에는 법원의 결정으로 **공개하지 아니할 수 있다.**

## 제110조

①군사재판을 관할하기 위하여 특별법원으로서 군사법원을 둘 수 있다.

②군사법원의 상고심은 대법원에서 관할한다.

③군사법원의 조직·권한 및 재판관의 자격은 법률로 정한다.

* 특별법원이란 헌법과 법률이 정한 법관에 의하지 않은 법원을 말하는 바, 헌법상 유일한 특별법원이 군사법원이고 헌법상 임의기구이다.

④**비상**계엄하의 <u>군사재판은 군인·군무원의 범죄</u>나 <u>군사에 관한 간첩죄의 경우와 초병·초소·유독음식물공급·포로에 관한 죄중 법률이 정한 경우에 한하여 **단심**으로 할 수 있다. 다만, <u>사형을 선고한 경우에는 그러하지 아니하다.</u>

# 제6장  헌법재판소

### 제111조

①헌법재판소는 다음 사항을 관장한다.

1. 법원의 제청에 의한 <u>법률의 위헌여부 심판</u>
2. <u>탄핵의 심판</u>
3. <u>정당의 해산 심판</u>
4. 국가기관 상호간, 국가기관과 지방자치단체 간 및 지방자치단체 상호간의 **권한쟁의**에 관한 심판
5. 법률이 정하는 **헌법소원**에 관한 심판

②헌법재판소는 <u>법관의 자격을 가진 9인의 재판관으로 구성하며, 재판관은 대통령이 임명한다.</u>

③제2항의 재판관중 <u>3인은 국회에서</u> 선출하는 자를, <u>3인은 대법원장이 지명</u>하는 자를 임명한다.

④헌법재판소의 <u>장은 **국회의 동의**를 얻어 **재판관중에서** 대통령이 임명한다.</u>

* 제헌헌법에서는 위헌법률심판은 헌법위원회에서, 탄핵심판은 탄핵재판소에서 심사하였다.

60년 2공에서는 헌법재판소가 최초로 생겨나서 헌법재판을 하였고 이때는 선거소송도 헌재가 담당하였다.

3공인 62년 헌법에서 탄핵은 탄핵심판위원회에서 담당하였다.

4,5공의 경우에는 헌법위원회에서 담당하였고,

87년 6공 헌법에서는 헌법재판소가 담당하되 헌법소원을 새로 담당하고 선거소송은 더 이상 담당하지 않고 있다.

### 제112조

①헌법재판소 재판관의 <u>임기는 6년</u>으로 하며, 법률이 정하는 바에 의하여 <u>연임할 수 있다.</u>

②헌법재판소 재판관은 <u>정당에 가입하거나 정치</u>

* 헌재재판관의 정년은 70세로 한다.

에 관여할 수 없다.

③헌법재판소 재판관은 탄핵 또는 금고 이상의 형의 선고에 의하지 아니하고는 파면되지 아니한다.

**제113조**

①헌법재판소에서 법률의 **위**헌결정, 탄핵의 결정, **정**당해산의 결정 또는 헌법**소**원에 관한 **인용**결정을 할 때에는 **재판관 6인 이상의 찬성**이 있어야 한다.

②헌법재판소는 **법률**에 저촉되지 아니하는 범위 안에서 심판에 관한 절차, 내부규율과 사무처리에 관한 규칙을 제정할 수 있다.

③헌법재판소의 조직과 운영 기타 필요한 사항은 법률로 정한다.

# 제7장 선거관리

**제114조**

①선거와 국민투표의 공정한 관리 및 정당에 관한 사무를 처리하기 위하여 선거관리위원회를 둔다.

②중앙선거관리위원회는 대통령이 임명하는 3인, 국회에서 선출하는 3인과 대법원장이 지명하는 3인의 위원으로 구성한다. **위원장은 위원 중에서 호선**한다.

③위원의 임기는 6년으로 한다.

④위원은 정당에 가입하거나 정치에 관여할 수

없다.

⑤위원은 탄핵 또는 금고 이상의 형의 선고에 의하지 아니하고는 파면되지 아니한다.

⑥중앙선거관리위원회는 **법령**의 범위안에서 선거관리·국민투표관리 또는 정당사무에 관한 규칙을 제정할 수 있으며, **법률**에 저촉되지 아니하는 범위안에서 내부규율에 관한 규칙을 제정할 수 있다.

⑦각급 선거관리위원회의 조직·직무범위 기타 필요한 사항은 법률로 정한다.

---

**제115조**

①각급 선거관리위원회는 선거인명부의 작성등 선거사무와 국민투표사무에 관하여 관계 행정기관에 필요한 **지시**를 할 수 있다.

②제1항의 지시를 받은 당해 행정기관은 이에 응하여야 한다.

---

**제116조**

①선거운동은 각급 선거관리위원회의 관리하에 법률이 정하는 범위안에서 하되, 균등한 기회가 보장되어야 한다.

②선거에 관한 경비는 법률이 정하는 경우를 제외하고는 정당 또는 후보자에게 부담시킬 수 없다.

## 제8장 지방자치

| | |
|---|---|
| **제117조**<br>①지방자치단체는 <u>주민의 복리</u>에 관한 사무를 처리하고 <u>재산을 관리</u>하며, **법령**의 범위안에서 자치에 관한 규정을 제정할 수 있다.<br>②지방자치단체의 종류는 법률로 정한다. | * 조례에 대한 위임의 경우에는 예외적으로 포괄적 위임이 가능. |
| **제118조**<br>①지방자치단체에 <u>의회를 둔다</u>.<br>②지방의회의 조직·권한·<u>의원선거</u>와 지방자치단체의 <u>장의 선임방법</u> 기타 지방자치단체의 조직과 운영에 관한 사항은 법률로 정한다. | * 자치단체의 장 선거권도 헌법상 기본권으로 인정 (헌재). |

## 제9장 경제

| | |
|---|---|
| **제119조**<br>①대한민국의 경제질서는 <u>개인과 기업의 경제상의 자유와 창의를 존중함</u>을 기본으로 한다.<br>②국가는 <u>균형있는 국민경제의 성장 및 안정과 적정한 소득의 분배</u>를 유지하고, 시장의 <u>지배와 경제력의 남용</u>을 방지하며, 경제주체간의 조화를 통한 **경제의 민주화**를 위하여 경제에 관한 <u>규제와 조정</u>을 할 수 있다. | * 헌재 → 우리 헌법상의 경제질서는 자유시장경제질서를 기본으로 하면서도 국가적 규제와 조정을 용인하는 사회적 시장경제질서로서의 성격을 띠고 있다. 고 판시<br>* **경제의 민주화** → (헌재)개인의 기본권을 제한하는 국가행위를 정당화하는 헌법규범이다. |
| **제120조**<br>①광물 기타 중요한 지하자원·수산자원·**수력**과 | * 헌재 → 수질개선부담금은 헌법상 용인 |

경제상 이용할 수 있는 자연력은 법률이 정하는 바에 의하여 일정한 기간 그 채취·개발 또는 이용을 **特許**할 수 있다.

②국토와 자원은 국가의 보호를 받으며, 국가는 그 균형있는 개발과 이용을 위하여 필요한 계획을 수립한다.

---

**제121조**

①국가는 농지에 관하여 **경자유전**의 원칙이 달성될 수 있도록 노력하여야 하며, **농지의 소작제도는 금지**된다.

②농업생산성의 제고와 농지의 합리적인 이용을 위하거나 불가피한 사정으로 발생하는 농지의 **임대차와 위탁경영**은 법률이 정하는 바에 의하여 **인정**된다.

---

**제122조**

국가는 국민 모두의 생산 및 생활의 기반이 되는 국토의 효율적이고 균형있는 이용·개발과 보전을 위하여 법률이 정하는 바에 의하여 그에 관한 필요한 제한과 <u>의무</u>를 과할 수 있다.

---

**제123조**

①국가는 농업 및 어업을 보호·육성하기 위하여 농·어촌종합개발과 그 지원등 필요한 계획을 수립·시행하여야 한다.

②국가는 지역간의 균형있는 발전을 위하여 <u>지역경제를 육성할 의무</u>를 진다.

③국가는 <u>중소기업을 보호·육성하여야</u> 한다.

* 헌재 → 자도소주구입명령제도는 위헌, 탁주는 합헌
* 99헌마553 → 헌법 제123조 제5항은 국가에게 "농·어민의 자조조직을 육성할 의무"와 "자조조직의 자율적 활동과 발전을 보장할 의무"를 아울러 규정하고 있는데, 이러한 국가의 의무는 <u>자조조직이 제대로 활동하고 기능하는</u> 시기에는 그 조직의 자율성을 침해하지 않도록 하는 후자의 소극적 의무를 다하면 된다고 할 수 있지만, 그 <u>조직이 제대로 기능</u>

④국가는 <u>농수산물의 수급균형</u>과 유통구조의 개선에 노력하여 <u>가격안정을 도모함</u>으로써 농·어민의 이익을 보호한다.

⑤국가는 농·어민과 중소기업의 자<u>조조직</u>을 육성하여야 하며, 그 자율적 <u>활동과 발전</u>을 보장한다.

<u>하지 못하고 향후의 전망도 불확실한 경우라면</u> 단순히 그 조직의 자율성을 보장하는 것에 그쳐서는 아니 되고, 적극적으로 이를 육성하여야 할 **전자**의 의무까지도 수행하여야 한다.

---

**제124조**

국가는 건전한 소비행위를 계도하고 생산품의 품질향상을 촉구하기 위한 **소비자보호운동**을 법률이 정하는 바에 의하여 보장한다.

* 80년 헌법에서 처음으로 소비자보호운동 신설~!! 그러나 소비자권이 아닌 보호운동으로 규정함.
* 조중동 광고중단압박 판례 → 조중동 일간신문의 정치적 입장이나 보도논조의 편향성은 '소비자의 권익'과 관련되는 문제로서 불매운동의 목표가 될 수 있다. 그러나 헌법과 법률이 보장하고 있는 한계를 넘어선 소비자불매운동 역시 정당성을 결여한 것으로서 정당행위 디타 다른 이유로 위법성이 조각되지 않는 한 업무방해죄로 형사처벌할 수 있다고 판시(합헌).

---

**제125조**

국가는 대외무역을 육성하며, 이를 규제·조정할 수 있다.

---

**제126조**

**국방상 또는 국민경제상** 긴절한 필요로 인하여 <u>법률이 정하는 경우</u>를 제외하고는, **사영기업을 국유 또는 공유로 이전하거나 그 경영을 통제 또는 관리할 수 없다.**

| | |
|---|---|
| **제127조**<br>①국가는 <u>과학기술의 혁신과 정보 및 인력의 개발</u>을 통하여 국민경제의 발전에 노력하여야 한다.<br>②국가는 국가표준제도를 확립한다.<br>③대통령은 제1항의 목적을 달성하기 위하여 **필요한 자문기구를 둘 수 있다.** | * 국가과학기술자문기구 → 헌법상 기구가 아님. 그리고 임의기구로 인정. |

# 제10장 헌법개정

| | |
|---|---|
| **제128조**<br>①헌법개정은 <u>국회재적의원 과반수</u> 또는 <u>대통령의 발의</u>로 제안된다.<br>②대통령의 <u>임기연장 또는 중임변경</u>을 위한 헌법개정은 그 헌법개정 제안 당시의 대통령에 대하여는 효력이 없다. | |

| | |
|---|---|
| **제129조**<br>제안된 헌법개정안은 대통령이 <u>20일 이상의 기간 이를 공고하여야</u> 한다. | |

| | |
|---|---|
| **제130조**<br>①국회는 헌법개정안이 **공고된 날**로부터 <u>60일 이내에 의결</u>하여야 하며, 국회의 의결은 **재적의원 3분의 2 이상의 찬성**을 얻어야 한다.<br>②헌법개정안은 <u>국회가 의결한 후 30일 이내에</u> 국민투표에 붙여 **국회의원선거권자 과반수의 투** | * 공고기간이 종료한 날(x)<br>* 국회의원선거권자 과반수의 찬성(x)<br>* 확정만으로 효력이 발생하는 것은 아니다. |

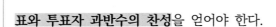

| **표와 투표자 과반수의 찬성**을 얻어야 한다.<br>③헌법개정안이 <u>제2항의 찬성을 얻은</u> 때에는 헌<br>법개정은 **확정**되며, 대통령은 <u>즉시 이를 공포</u>하<br>여야 한다. | |

# 제 2 편

# 최신 기출문제

**01 헌법전문(前文)에 대한 설명으로 옳지 않은 것은? (다툼이 있는 경우 판례에 의함)**

① 우리 헌법은 전문에서 모든 사회적 폐습과 불의를 타파한다고 규정하고 있다.

② '헌법전문에 기재된 3.1정신'은 우리나라 헌법의 연혁적·이념적 기초로서 헌법이나 법률 해석에서의 해석기준으로 작용한다고 할 수 있지만, 그에 기하여 곧바로 국민의 개별적 기본권성을 도출해낼 수는 없다.

③ 국가는 일제로부터 조국의 자주독립을 위하여 공헌한 독립유공자와 그 유족에 대하여 응분의 예우를 하여야 할 법률상의 의무를 지닐 뿐 헌법적 의무를 지닌다고 보기는 어렵다.

④ 일제강점기에 일본군위안부로 강제 동원되어 인간의 존엄과 가치가 말살된 상태에서 장기간 비극적인 삶을 영위하였던 피해자들의 훼손된 인간의 존엄과 가치를 회복시켜야 할 의무는 대한민국임시정부의 법통을 계승한 지금의 정부가 국민에 대하여 부담하는 가장 근본적인 보호의무에 속한다.

**정답 및 해설** ③

③ 헌법은 국가유공자 인정에 관하여 명문 규정을 두고 있지 않으나 전문(前文)에서 "3.1운동으로 건립된 대한민국임시정부의 법통을 계승"한다고 선언하고 있다. 이는 대한민국이 일제에 항거한 독립운동가의 공헌과 희생을 바탕으로 이룩된 것임을 선언한 것이고, 그렇다면 국가는 일제로부터 조국의 자주독립을 위하여 공헌한 독립유공자와 그 유족에 대하여는 응분의 예우를 하여야 할 헌법적 의무를 지닌다.(헌재 2005. 6. 30. 2004헌마859)

④ 2006헌마788

**02 형사보상청구권에 대한 설명으로 옳은 것은?**

① 보상청구는 무죄재판을 한 법원의 상급법원에 대하여 하여야 한다.

② 보상을 청구하는 경우에는 국가배상을 청구할 수 없다.

③ 보상청구는 무죄재판이 확정된 사실을 안 날부터 3년, 무죄재판이 확정된 때부터 5년 이내에 하여야 한다.

④ 보상청구는 대리인을 통하여 할 수 없다.

① X [형사보상 및 명예회복에 관한 법률 제7조] 보상청구는 무죄재판을 한 법원에 하여야 한다.
② X [6조①] 이 법은 보상을 받을 자가 다른 법률에 따라 손해배상을 청구하는 것을 금지하지 아니한다.
③ O
④ X [13조] 보상청구는 대리인을 통하여서도 할 수 있다.

**03  법인의 기본권 주체성에 대한 설명으로 옳지 않은 것은? (다툼이 있는 경우 판례에 의함)**

① 본래 자연인에게 적용되는 기본권 규정이라도 성질상 법인이 누릴 수 있는 기본권은 당연히 법인에게도 적용하여야 한다.
② 법인도 법인의 목적과 사회적 기능에 비추어 볼 때 그 성질에 반하지 않는 범위 내에서 인격권의 한 내용인 사회적 신용이나 명예 등의 주체가 될 수 있다.
③ 국립서울대학교는 공권력 행사의 주체인 공법인으로서 기본권의 '수범자'이므로 기본권의 주체가 될 수는 없다.
④ 법인 아닌 사단·재단이라고 하더라도 대표자의 정함이 있고 독립된 사회적 조직체로서 활동하는 때에는 성질상 법인이 누릴 수 있는 기본권을 침해당하게 되면 법인 아닌 사단·재단의 이름으로 헌법소원심판을 청구할 수 있다.

③ 헌법 제31조 제4항이 규정하고 있는 교육의 자주성, 대학의 자율성 보장은 대학에 대한 공권력 등 외부세력의 간섭을 배제하고 대학인 자신이 대학을 자주적으로 운영할 수 있도록 함으로써 대학인으로 하여금 연구와 교육을 자유롭게 하여 진리탐구와 지도적 인격의 도야라는 대학의 기능을 충분히 발휘할 수 있도록 하기 위한 것으로서 이는 학문의 자유의 확실한 보장수단이자 대학에 부여된 헌법상의 기본권이다.

**04  헌법상 금지되는 사전검열에 대한 설명으로 옳은 것만을 모두 고르면? (다툼이 있는 경우 판례에 의함)**

ㄱ. 「영화진흥법」이 규정하고 있는 영상물등급위원회에 의한 등급분류보류제도는 등급분류보류의 횟수제한이 없어 실질적으로 영상물등급위원회의 허가를 받지 않는 한 영화를 통한 의사표현이 무한정 금지될 수 있으므로 검열에 해당한다.
ㄴ. 검열을 행정기관이 아닌 독립적인 위원회에서 행한다고 하더라도, 행정권이 주체가 되어 검열절차를 형성하고 검열기관의 구성에 지속적인 영향을 미칠 수 있는 경우라면 실질적으로 그 검열기관은 행정기관이라고 보아야 한다.

ㄷ. 민간심의기구가 심의를 담당하는 경우에도 행정권이 개입하여 그 사전심의에 자율성이 보장되지 않는다면 이 역시 행정기관의 사전검열에 해당하게 된다.

ㄹ. 헌법상 사전검열은 표현의 자유 보호대상이면 예외 없이 금지된다.

① ㄱ, ㄴ
② ㄱ, ㄷ, ㄹ
③ ㄴ, ㄷ, ㄹ
④ ㄱ, ㄴ, ㄷ, ㄹ

**정답 및 해설** ④

㉠ O 2000헌가9    ㉡ O 93헌가13등    ㉢ O 2005헌마506    ㉣ O 2000헌가9

**05** 신체의 자유에 대한 설명으로 옳지 않은 것은? (다툼이 있는 경우 판례에 의함)

① 검찰수사관이 정당한 사유없이 피의자신문에 참여한 변호인에게 피의자 후방에 앉으라고 요구한 행위는 변호인의 변호권을 침해하는 것이다.

② 외국에서 실제로 형의 집행을 받았음에도 불구하고 우리 형법에 의한 처벌 시 이를 전혀 고려하지 않더라도 과도한 제한이라고 할 수 없으므로 신체의 자유를 침해하지 아니한다.

③ 현행범인인 경우와 장기 3년 이상의 형에 해당하는 죄를 범하고 도피 또는 증거인멸의 염려가 있을 때에는 사후에 영장을 청구할 수 있다.

④ 헌법 제12조 제4항 본문에 규정된 '구속'은 사법절차에서 이루어진 구속뿐 아니라, 행정절차에서 이루어진 구속까지 포함한다.

**정답 및 해설** ②

① O 2016헌마503

② X 헌재 2015. 5. 28. 2013헌바129

입법자는 외국에서 형의 집행을 받은 자에게 어떠한 요건 아래, 어느 정도의 혜택을 줄 것인지에 대하여 일정 부분 재량권을 가지고 있으나, 신체의 자유는 정신적 자유와 더불어 헌법이념의 핵심인 인간의 존엄과 가치를 구현하기 위한 가장 기본적인 자유로서 모든 기본권 보장의 전제조건이므로 최대한 보장되어야 하는바, 외국에서 실제로 형의 집행을 받았음에도 불구하고 우리 형법에 의한 처벌 시 이를 전혀 고려하지 않는다면 신체의 자유에 대한 과도한 제한이 될 수 있으므로 그와 같은 사정은 어느 범위에서든 반드시 반영되어야 하고, 이러한 점에서 입법형성권의 범위는 다소 축소될 수 있다. 입법자는 국가형벌권의 실현과 국민의 기본권 보장의 요구를 조화시키기 위하여 형을 필요적으로 감면하거나 외국에서 집행된 형의 전부 또는 일부를 필요적으로 산입하는 등의 방법을 선택하여 청구인의 신체의 자유를 덜 침해할 수 있음에도, 이 사건 법률조항과 같이 우리 형법에 의한 처벌 시 외국에서 받은 형의 집행을 전혀 반영하지 아니할 수도 있도록 한 것은 과잉금지원칙에 위배되어 신체의 자유를 침해한다.

③ O [헌법 제12조 ③체포·구속·압수 또는 수색을 할 때에는 적법한 절차에 따라 검사의 신청에 의하여 법관이

발부한 영장을 제시하여야 한다. 다만, 현행범인인 경우와 장기 3년 이상의 형에 해당하는 죄를 범하고 도피 또는 증거인멸의 염려가 있을 때에는 사후에 영장을 청구할 수 있다.]

④ ○ 2014헌마346

## 06 기본권 보호의무에 대한 설명으로 옳지 않은 것은? (다툼이 있는 경우 판례에 의함)

① 국가의 기본권 보호의무는 기본권적 법익을 기본권 주체인 사인에 의한 위법한 침해 또는 침해의 위험으로부터 보호해야 하는 국가의 의무로서 주로 사인인 제3자에 의한 개인의 생명이나 신체의 훼손에서 문제된다.

② 국가가 기본권 보호의무를 어떻게 실현할 것인지는 입법자의 책임범위에 속하는 것으로서 보호의무 이행을 위한 행위의 형식에 관하여도 폭넓은 형성의 자유가 인정되고, 반드시 법령에 의하여야 하는 것은 아니다.

③ 「공직선거법」이 선거운동을 위해 확성장치를 사용할 수 있는 기간과 장소, 시간, 사용 개수 등을 규정하고 있는 이상, 확성장치의 소음 규제기준을 정하지 않았다고 하여 기본권 보호의무를 과소하게 이행하였다고 볼 수는 없다.

④ 국가가 국민의 법익을 보호하기 위하여 아무런 보호조치를 취하지 않았든지 아니면 취한 조치가 법익을 보호하기에 명백하게 부적합하거나 불충분한 경우에 한하여 국가의 보호 의무의 위반을 확인할 수 있다.

**정답 및 해설** ③

③ 헌재 2019. 12. 27. 2018헌마730

심판대상조항이 선거운동의 자유를 감안하여 선거운동을 위한 확성장치를 허용할 공익적 필요성이 인정된다고 하더라도 정온한 생활환경이 보장되어야 할 주거지역에서 출근 또는 등교 이전 및 퇴근 또는 하교 이후 시간대에 확성장치의 최고출력 내지 소음을 제한하는 등 사용시간과 사용지역에 따른 수인한도 내에서 확성장치의 최고출력 내지 소음 규제기준에 관한 규정을 두지 아니한 것은, 국민이 건강하고 쾌적하게 생활할 수 있는 양호한 주거환경을 위하여 노력하여야 할 국가의 의무를 부과한 헌법 제35조 제3항에 비추어 보면, 적절하고 효율적인 최소한의 보호조치를 취하지 아니하여 국가의 기본권 보호의무를 과소하게 이행한 것으로서, 청구인의 건강하고 쾌적한 환경에서 생활할 권리를 침해하므로 헌법에 위반된다.

**07** 보건에 관한 권리에 대한 설명으로 옳지 않은 것은? (다툼이 있는 경우 판례에 의함)

① 모든 국민은 보건에 관하여 국가의 보호를 받는다.

② 국가는 국민의 건강을 소극적으로 침해하여서는 아니 될 의무를 부담하는 것에서 한 걸음 더 나아가 적극적으로 국민의 보건을 위한 정책을 수립하고 시행하여야 할 의무를 부담한다.

③ 헌법 제10조, 제36조제3항에 따라 국가는 국민의 생명·신체의 안전이 위협받거나 받게 될 우려가 있는 경우 국민의 생명·신체의 안전을 보호하기에 필요한 적절하고 효율적인 조치를 취하여 그 침해의 위험을 방지하고 이를 유지할 포괄적 의무를 진다.

④ 국민의 보건에 관한 권리는 국민이 자신의 건강을 유지하는데 필요한 국가적 급부와 배려까지 요구할 수 있는 권리를 포함하는 것은 아니다.

📣 정답 및 해설  ④

② O  2007헌마734

③ O  2008헌마419

④ X  91헌바11

헌법 제36조 제3항이 규정하고 있는 국민의 보건에 관한 권리는 국민이 자신의 건강을 유지하는 데 필요한 국가적 급부와 배려를 요구할 수 있는 권리를 말하는 것으로서, 국가는 국민의 건강을 소극적으로 침해하여서는 아니될 의무를 부담하는 것에서 한걸음 더 나아가 적극적으로 국민의 보건을 위한 정책을 수립하고 시행하여야 할 의무를 부담한다는 것을 의미한다.

**08** 개인정보자기결정권에 대한 설명으로 옳지 않은 것은? (다툼이 있는 경우 판례에 의함)

① 헌법재판소는 수사를 위하여 필요한 경우 검사 또는 사법경찰관이 전기통신사업자에게 기지국을 이용하여 착발신한 전화번호 등의 통신사실 확인자료의 제공을 요청할 수 있도록 하는 「통신비밀보호법」 제13조제1항이 과잉금지원칙에 위반되어 정보주체의 개인정보자기결정권을 침해한다고 판시하였다.

② '각급학교 교원의 교원단체 및 교원노조 가입현황 실명자료'를 인터넷을 통하여 일반대중에게 공개하는 국회의원의 행위는 해당 교원들의 개인정보자기결정권을 침해한다.

③ 개인정보자기결정권은 자신에 관한 정보가 언제 누구에게 어느 범위까지 알려지고 또 이용되도록 할 것인지를 그 정보주체가 스스로 결정할 수 있는 권리로서, 헌법 제10조제1문에서 도출되는 일반적 인격권 및 헌법 제17조의 사생활의 비밀과 자유에 의하여 보장된다.

④ 수형인등이 재범하지 않고 상당 기간을 경과하는 경우에는 재범의 위험성이 그만큼 줄어든다고 할 것임에도 일률적으로 이들 대상자가 사망할 때까지 디엔에이신원확인정보를 보관하는 것은 과잉금지원칙에 위반하여 수형인등의 개인정보자기결정권을 침해한다.

**정답 및 해설** ④

① ○ 헌재 2018. 6. 28. 2012헌마538

이동전화의 이용과 관련하여 필연적으로 발생하는 통신사실 확인자료는 비록 비내용적 정보이지만 여러 정보의 결합과 분석을 통해 정보주체에 관한 정보를 유추해낼 수 있는 **민감한 정보인 점**, 수사기관의 통신사실 확인자료 제공요청에 대해 **법원의 허가를 거치도록 규정하고 있으나 수사의 필요성만을 그 요건으로 하고 있어 제대로 된 통제가 이루어지기 어려운 점**, 기지국수사의 허용과 관련하여서는 유괴·납치·성폭력범죄 등 강력범죄나 국가안보를 위협하는 각종 범죄와 같이 피의자나 피해자의 통신사실 확인자료가 반드시 필요한 범죄로 그 대상을 한정하는 방안 또는 다른 방법으로는 범죄수사가 어려운 경우(보충성)를 요건으로 추가하는 방안 등을 검토함으로써 수사에 지장을 초래하지 않으면서도 **불특정 다수의 기본권을 덜 침해하는 수단이 존재하는 점**을 고려할 때, 이 사건 요청 조항은 과잉금지원칙에 반하여 청구인의 개인정보자기결정권과 통신의 자유를 침해한다.

② ○ 대판 2012다49933

③ ○ 2017헌마1326

④ X 헌재 2014. 8. 28. 2011헌마28 등

재범의 위험성이 높은 범죄를 범한 수형인 등은 생존하는 동안 재범의 가능성이 있으므로, 디엔에이신원확인정보를 수형인등이 사망할 때까지 관리하여 범죄 수사 및 예방에 이바지하고자 하는 **이 사건 삭제조항은 입법목적의 정당성과 수단의 적절성이 인정**된다. 디엔에이신원확인정보는 개인식별을 위한 최소한의 정보인 단순한 숫자에 불과하여 이로부터 개인의 유전정보를 확인할 수 없는 것이어서 개인의 존엄과 인격권에 심대한 영향을 미칠 수 있는 민감한 정보라고 보기 어렵고, 디엔에이신원확인정보의 수록 후 디엔에이감식시료와 디엔에이의 즉시 폐기, 무죄 등의 판결이 확정된 경우 디엔에이신원확인정보의 삭제, 디엔에이인적관리자와 디엔에이신원확인정보담당자의 분리, 디엔에이신원확인정보데이터베이스관리위원회의 설치, 업무목적 외 디엔에이신원확인정보의 사용·제공·누설 금지 및 위반시 처벌, 데이터베이스 보안장치 등 개인정보보호에 관한 규정을 두고 있으므로 **이 사건 삭제조항은 침해최소성 원칙에 위배되지 않는다**. 디엔에이신원확인정보를 범죄수사 등에 이용함으로써 달성할 수 있는 공익의 중요성에 비하여 청구인의 불이익이 크다고 보기 어려워 **법익균형성도 갖추었다**. 따라서 **이 사건 삭제조항이 과도하게 개인정보자기결정권을 침해한다고 볼 수 없다**.

**09** 대통령에 대한 설명으로 옳지 않은 것은?

① 대통령은 필요하다고 인정할 때에는 국회의 동의를 얻어 외교·국방·통일 기타 국가안위에 관한 중요정책을 국민투표에 붙인다.

② 대통령이 재직 중 탄핵결정을 받아 퇴임한 경우 '필요한 기간의 경호 및 경비'를 제외하고는 「전직대통령 예우에 관한 법률」에 따른 전직대통령으로서의 예우를 하지 아니한다.

③ 대통령은 조약을 체결·비준하고, 외교사절을 신임·접수 또는 파견하며, 선전포고와 강화를 한다.

④ 대통령은 조국의 평화적 통일을 위한 성실한 의무를 지며, 이에 대해 취임에 즈음하여 선서한다.

①

① X [헌법 제72조 대통령은 필요하다고 인정할 때에는 외교·국방·통일 기타 국가안위에 관한 중요정책을 국민투표에 붙일 수 있다.] → 국회 동의 필요없다.

**10** 행정부에 대한 설명으로 옳지 않은 것은? (다툼이 있는 경우 판례에 의함)

① 감사원장은 국회의 동의를 얻어 대통령이 임명하고, 그 임기는 4년으로 하며, 1차에 한하여 중임할 수 있다.

②「정부조직법」상 정부의 구성단위로서 그 권한에 속하는 사항을 집행하는 모든 중앙행정기관이 곧 헌법 제86조제2항 소정의 행정각부라고 할 것이다.

③ 국가안전보장에 관련되는 대외정책·군사정책과 국내정책의 수립에 관하여 국무회의의 심의에 앞서 대통령의 자문에 응하기 위하여 국가안전보장회의를 둔다.

④ 군인은 현역을 면한 후가 아니면 국무위원으로 임명될 수 없다.

②

② 헌재 1994. 4. 28. 89헌마221

헌법이 "행정각부"의 의의에 관하여는 아무런 규정도 두고 있지 않지만, "행정각부의 장(長)"에 관하여는 "제3관 행정각부"의 관(款)에서 행정각부의 장은 국무위원 중에서 임명되며(헌법 제94조) 그 소관사무에 관하여 법률이나 대통령령의 위임 또는 직권으로 부령을 발할 수 있다(헌법 제95조)고 규정하고 있는바, 이는 헌법이 "행정각부"의 의의에 관하여 간접적으로 그 개념범위를 제한한 것으로 볼 수 있다. 즉, 성질상 정부의 구성단위인 중앙행정기관이라 할지라도, 법률상 그 기관의 장(長)이 국무위원이 아니라든가 또는 국무위원이라 하더라도 그 소관사무에 관하여 부령을 발할 권한이 없는 경우에는, 그 기관은 우리 헌법이 규정하는 실정법적(實定法的) 의미의 행정각부로는 볼 수 없다는 헌법상의 간접적인 개념제한이 있음을 알 수 있다. 따라서 정부의 구성단위로서 그 권한에 속하는 사항을 집행하는 모든 중앙행정기관이 곧 헌법 제86조 제2항 소정의 행정각부는 아니라 할 것이다.

**11** 국무총리에 대한 설명으로 옳지 않은 것은?

① 국무총리는 국무회의의 부의장이 된다.

② 국무총리가 탄핵결정을 받은 때에는 공직으로부터 파면함에 그치지만, 이에 의하여 민사상이나 형사상의 책임이 면제되지는 아니한다.

③ 국무총리는 중앙행정기관의 장의 명령이나 처분이 위법 또는 부당하다고 인정될 경우에는 대통령의 승인을 받지 않고 이를 중지 또는 취소할 수 있다.

④ 국무총리는 국회의 동의를 얻어 대통령이 임명하며, 행정에 관하여 대통령의 명을 받아 행정각부를 통할한다.

정답 및 해설  ③

③ [정부조직법 제18조(국무총리의 행정감독권) ① 국무총리는 대통령의 명을 받아 각 중앙행정기관의 장을 지휘·감독한다. ② 국무총리는 중앙행정기관의 장의 명령이나 처분이 위법 또는 부당하다고 인정될 경우에는 **대통령의 승인을 받아** 이를 중지 또는 취소할 수 있다.]

**12** **다음 사례에 대한 설명으로 옳지 않은 것은? (다툼이 있는 경우 판례에 의함)**

> 甲은 간통하였다는 범죄사실로 기소되어 형사재판을 받던 중 담당법원에 2011. 8. 26. 구「형법」제241조가 위헌이라며 위헌법률심판제청을 신청하였다. 헌법재판소가 위 법률조항에 대하여 1990. 9. 10., 1993. 3. 11., 2001. 10. 25. 세 차례에 걸쳐 합헌결정을 내린 바 있고, 담당법원은 합헌결정의 주요근거를 이유로 위 신청을 기각하였다. 이에 甲은 2014. 3. 13. 헌법재판소에 「헌법재판소법」 제68조제2항에 의한 헌법소원심판을 청구하였다.
>
> [심판대상조항]
> 구「형법」(1953. 9. 18. 법률 제293호로 제정되고, 2016. 1. 6. 법률 제13719호에 의하여 삭제되기 전의 것)
> 제241조(간통) ① 배우자 있는 자가 간통한 때에는 2년 이하의 징역에 처한다. 그와 상간한 자도 같다.
>  ② 전항의 죄는 배우자의 고소가 있어야 논한다. 단 배우자가 간통을 종용 또는 유서한 때에는 고소할 수 없다.

① 위 사례에서 심판대상조항에 대하여 위헌결정을 선고하는 경우, 침해되는 甲의 기본권은 성적 자기결정권 및 사생활의 비밀과 자유이다.

② 위 사례에서 위헌결정이 선고되는 경우 결정 선고 이전에 심판대상조항에 의하여 유죄의 확정판결을 받은 사람들은 당연히 구제되는 것은 아니고 법원에 개별적으로 재심을 청구하여야 한다.

③ 위 사례에서 헌법재판관들의 의견이 위헌 3인, 헌법불합치 4인, 합헌 2인으로 나뉘는 경우 헌법재판소는 심판대상조항의 헌법불합치를 주문에서 선고하여야 한다.

④ 위 사례에서 심판대상조항에 대하여 위헌결정을 선고하는 경우, 이는 형벌조항에 대한 위헌결정이므로 예외적으로 심판대상조항은 제정된 때로 소급하여 효력을 상실하게 된다.

**정답 및 해설** ④

① O 2009헌바17등

② O [헌법재판소법 제47조 ④ 제3항의 경우에 위헌으로 결정된 법률 또는 법률의 조항에 근거한 유죄의 확정판결에 대하여는 재심을 청구할 수 있다.]

③ O 6인에 이르게 된 때의 견해에 따른다. 순서는 청구인에게 가장 유리한 주문인 위헌 → 헌불 → 한정합헌, 한정위헌 → 기각 → 각하의 순이다.

④ X [헌법재판소법 제47조 ③ 제2항에도 불구하고 형벌에 관한 법률 또는 법률의 조항은 소급하여 그 효력을 상실한다. 다만, 해당 법률 또는 법률의 조항에 대하여 종전에 합헌으로 결정한 사건이 있는 경우에는 그 결정이 있는 날의 다음 날로 소급하여 효력을 상실한다.

**13** 국무회의에 대한 설명으로 옳지 않은 것은?

① 의장과 부의장이 모두 사고로 직무를 수행할 수 없는 경우에는 기획재정부장관이 겸임하는 부총리, 교육부장관이 겸임하는 부총리 및 「정부조직법」 제26조제1항에 규정된 순서에 따라 국무위원이 그 직무를 대행한다.

② 국무위원은 정무직으로 하며 의장에게 의안을 제출할 수 있으나, 국무회의의 소집을 요구할 수는 없다.

③ 국무회의는 대통령·국무총리와 15인 이상 30인 이하의 국무위원으로 구성한다.

④ 국정처리상황의 평가분석은 국무회의의 심의를 거쳐야 한다.

**정답 및 해설** ②

② X [정부조직법 제12조 ③ 국무위원은 정무직으로 하며 의장에게 의안을 제출하고 국무회의의 소집을 요구할 수 있다.]

**14** 권한쟁의심판에 대한 설명으로 옳은 것은? (다툼이 있는 경우 판례에 의함)

① 「헌법재판소법」 제62조제1항제1호가 국가기관 상호간의 권한쟁의심판을 '국회, 정부, 법원 및 중앙선거관리위원회 상호간의 권한쟁의심판'이라고 규정하고 있으므로, 이들 기관 외에는 권한쟁의심판의 당사자가 될 수 없다.

② 정당은 공권력 행사 주체로서 국가기관의 지위를 가지므로 권한쟁의심판의 당사자가 될 수 있다.

③ 교섭단체가 갖는 권한은 원활한 국회 의사진행을 위하여 헌법이 인정하는 권한이므로, 교섭단체는 그 권한침해를 이유로 권한쟁의심판의 당사자가 될 수 있다.

④ 권한쟁의심판은 피청구인의 처분 또는 부작위가 헌법 또는 법률에 의하여 부여받은 청구인의 권한을 침해하였거나 침해할 현저한 위험이 있는 경우에만 청구할 수 있다.

**정답 및 해설** ④

① X 헌재 1997. 7. 16. 96헌라2

헌법재판소법 제62조 제1항 제1호가 국가기관 상호간의 권한쟁의심판을 "국회, 정부, 법원 및 중앙선거관리위원회의 권한쟁의심판"이라고 규정하고 있더라도 이는 한정적, 열거적인 조항이 아니라 예시적인 조항이라고 해석하는 것이 헌법에 합치되므로 이들 기관외에는 권한쟁의심판의 당사자가 될 수 없다고 단정할 수 없다.

② X 헌재 2020. 5. 27. 2019헌라6 등

정당은 국민의 자발적 조직으로, 그 법적 성격은 일반적으로 사적·정치적 결사 내지는 법인격 없는 사단으로서 공권력의 행사 주체로서 국가기관의 지위를 갖는다고 볼 수 없다. 따라서 정당은 헌법 제111조 제1항 제4호 및 헌법재판소법 제62조 제1항 제1호의 '국가기관'에 해당한다고 볼 수 없으므로, 권한쟁의심판의 당사자능력이 인정되지 아니한다.

③ X 헌재 2020. 5. 27. 2019헌라6 등

한편, 국회법 제33조 제1항 본문은 정당이 교섭단체가 될 수 있다고 규정하고 있다. 교섭단체는 국회의 원활한 운영을 위하여 소속의원의 의사를 수렴·집약하여 의견을 조정하는 교섭창구의 역할을 하는 조직이다. 국회법상 교섭단체의 대표의원은 국회 내부의 기관 구성에 참여하거나, 의사와 관련하여 합의권이나 협의권 등 각종 권한을 부여받는바, 이는 교섭단체의 권한을 대표의원을 통해서 행사하는 것으로 볼 수 있다.

그러나 헌법은 권한쟁의심판청구의 당사자로 국회의원들의 모임인 교섭단체에 대해서 규정하고 있지 않다. 국회는 교섭단체와 같이 국회의 내부 조직을 자율적으로 구성하고 그에 일정한 권한을 부여할 수 있으나(헌재 2003. 10. 30. 2002헌라1 참조), 헌법은 국회의원들이 교섭단체를 구성하여 활동하는 것까지 예정하고 있지 아니하다. 교섭단체가 갖는 권한은 원활한 국회 의사진행을 위하여 국회법에서 인정하고 있는 권한일 뿐이다.

또한 교섭단체의 권한 침해는 교섭단체에 속한 국회의원 개개인의 심의·표결권 등 권한 침해로 이어질 가능성이 높은바, 교섭단체와 국회의장 등 사이에 분쟁이 발생하더라도 국회의원과 국회의장 등 사이의 권한쟁의심판으로 해결할 수 있다. 따라서 위와 같은 분쟁을 해결할 적당한 기관이나 방법이 없다고 할 수 없다. 이러한 점을 종합하면, 교섭단체는 그 권한침해를 이유로 권한쟁의심판을 청구할 수 없다.

④ O [헌법재판소법 제61조 ② 제1항의 심판청구는 피청구인의 처분 또는 부작위(不作爲)가 헌법또는 법률에 의하여 부여받은 청구인의 권한을 침해하였거나 침해할 현저한 위험이 있는 경우에만 할 수 있다.]

**15** **법원에 대한 설명으로 옳지 않은 것은?**

① 재판의 심리와 판결은 국가의 안전보장 또는 안녕질서를 방해하거나 선량한 풍속을 해할 염려가 있을 때에는 법원의 결정으로 공개하지 아니할 수 있다.

② 법관이 중대한 심신상의 장해로 직무를 수행할 수 없을 때에는 법률이 정하는 바에 의하여 퇴직하게 할 수 있다.

③군사법원의 상고심은 대법원에서 관할한다.

④대법원장과 대법관이 아닌 법관은 대법관회의의 동의를 얻어 대법원장이 임명한다.

**정답 및 해설** ①

① X [헌법 제109조 재판의 심리와 판결은 공개한다. 다만, **심리**는 국가의 안전보장 또는 안녕질서를 방해하거나 선량한 풍속을 해할 염려가 있을 때에는 법원의 결정으로 공개하지 아니할 수 있다.] → 판결은 무조건 공개해야 한다.

**16** **선거관리위원회에 대한 설명으로 옳지 않은 것은?**

①중앙선거관리위원회 위원의 임기는 6년으로 하며, 법률이 정하는 바에 의하여 연임할 수 있다.

②중앙선거관리위원회는 대통령이 임명하는 3인, 국회에서 선출하는 3인과 대법원장이 지명하는 3인의 위원으로 구성하며, 위원장은 위원 중에서 호선한다.

③중앙선거관리위원회 위원은 정당에 가입하거나 정치에 관여할 수 없다.

④선거에 관한 경비는 법률이 정하는 경우를 제외하고는 정당 또는 후보자에게 부담시킬 수 없다.

**정답 및 해설** ①

① X [헌법 제114조 ③위원의 임기는 6년으로 한다.]

[선거관리위원회법 제8조(위원의 임기) 각급선거관리위원회위원의 임기는 6년으로 한다. 다만, 구·시·군선거관리위원회 위원의 임기는 3년으로 하되, 한 차례만 연임할 수 있다.] → 헌법과 선관위법상 중선위 위원에 대한 연임 규정은 없다.

② O [헌법 제114조 ②중앙선거관리위원회는 대통령이 임명하는 3인, 국회에서 선출하는 3인과 대법원장이 지명하는 3인의 위원으로 구성한다. 위원장은 위원중에서 호선한다.]

③ O [헌법 제114조 ④위원은 정당에 가입하거나 정치에 관여할 수 없다.]

④ O [헌법 제116조 ②선거에 관한 경비는 법률이 정하는 경우를 제외하고는 정당 또는 후보자에게 부담시킬 수 없다.]

## 17 국회의 안건의 신속처리에 대한 설명으로 옳은 것은?

① 신속처리안건에 대한 지정동의가 소관 위원회 위원장에게 제출된 경우 안건의 소관 위원회 위원장은 지체 없이 신속처리안건 지정동의를 기명투표로 표결한다.

② 소관 위원회는 원칙적으로 신속처리대상안건에 대한 심사를 그 지정일부터 90일 이내에 마쳐야 한다.

③ 법제사법위원회가 신속처리대상안건에 대하여 그 지정일부터 60일 이내에 심사를 마치지 아니하였을 때에는 그 기간이 끝난 다음 날에 법제사법위원회에서 심사를 마치고 바로 본회의에 부의된 것으로 본다.

④ 신속처리대상안건을 심사하는 안건조정위원회는 그 안건이 관련 규정에 따라 법제사법위원회에 회부되거나 바로 본회의에 부의된 것으로 보는 경우에는 안건조정위원회의 활동기한이 남았더라도 그 활동을 종료한다.

**정답 및 해설** ④

① X [국회법 제85조의2(안건의 신속 처리) ① 위원회에 회부된 안건(체계·자구 심사를 위하여 법제사법위원회에 회부된 안건을 포함한다)을 제2항에 따른 신속처리대상안건으로 지정하려는 경우 의원은 재적의원 과반수가 서명한 신속처리대상안건 지정요구 동의(動議)(이하 이 조에서 "신속처리안건 지정동의"라 한다)를 의장에게 제출하고, 안건의 소관 위원회 소속 위원은 소관 위원회 재적위원 과반수가 서명한 신속처리안건 지정동의를 소관 위원회 위원장에게 제출하여야 한다. 이 경우 의장 또는 안건의 소관 위원회 위원장은 지체 없이 신속처리안건 지정동의를 무기명투표로 표결하되, 재적의원 5분의 3 이상 또는 안건의 소관 위원회 재적위원 5분의 3 이상의 찬성으로 의결한다.]

② X ③ X

[국회법 제85조의2(안건의 신속 처리) ③ 위원회는 신속처리대상안건에 대한 심사를 그 지정일부터 180일 이내에 마쳐야 한다. 다만, 법제사법위원회는 신속처리대상안건에 대한 체계·자구 심사를 그 지정일, 제4항에 따라 회부된 것으로 보는 날 또는 제86조제1항에 따라 회부된 날부터 90일 이내에 마쳐야 한다.

④ 위원회(법제사법위원회는 제외한다)가 신속처리대상안건에 대하여 제3항 본문에 따른 기간 내에 심사를 마치지 아니하였을 때에는 그 기간이 끝난 다음 날에 소관 위원회에서 심사를 마치고 체계·자구 심사를 위하여 법제사법위원회로 회부된 것으로 본다. 다만, 법률안 및 국회규칙안이 아닌 안건은 바로 본회의에 부의된 것으로 본다.

⑤ 법제사법위원회가 신속처리대상안건(체계·자구 심사를 위하여 법제사법위원회에 회부되었거나 제4항 본문에 따라 회부된 것으로 보는 신속처리대상안건을 포함한다)에 대하여 제3항 단서에 따른 기간 내에 심사를 마치지 아니하였을 때에는 그 기간이 끝난 다음 날에 법제사법위원회에서 심사를 마치고 바로 본회의에 부의된 것으로 본다.] → 보기 3번은 5항에 의해 60일이 아닌 90일 이내에 마쳐야 한다.

④ O

[국회법 제57조의2 ⑨ 제85조의2제2항에 따른 신속처리대상안건을 심사하는 조정위원회는 그 안건이 같은 조 제4항 또는 제5항에 따라 법제사법위원회에 회부되거나 바로 본회의에 부의된 것으로 보는 경우에는 제2항에 따른 활동기한이 남았더라도 그 활동을 종료한다.]

**18** 국회에 대한 설명으로 옳지 않은 것은?

① 국회는 정부의 동의없이 정부가 제출한 지출예산 각항의 금액을 증가하거나 새 비목을 설치할 수 없다.

② 국회의원의 자격심사 청구, 예산안에 대한 수정동의는 각각 의원 50명 이상의 찬성이 있어야 한다.

③ 국회의원이 본회의에 부의된 안건에 대하여 '무제한토론'을 하려는 경우에는 재적의원 3분의 1 이상이 서명한 요구서를 의장에게 제출하여야 한다.

④ 국회의 경호업무는 의장의 지휘를 받아 수행하되, 경위는 회의장 건물 안에서, 경찰공무원은 회의장 건물 밖에서 경호한다.

[정답 및 해설] ②

② X [국회법 제138조(자격심사의 청구) 의원이 다른 의원의 자격에 대하여 이의가 있을 때에는 30명 이상의 연서로 의장에게 자격심사를 청구할 수 있다.]

③ O [국회법 제106조의2]

④ O [국회법 제144조 제3항]

**19** 국회의 위원회에 대한 설명으로 옳은 것은?

① 정보위원회의 위원은 의장이 각 교섭단체 대표의원으로부터 해당 교섭단체 소속 의원 중에서 후보를 추천받아 부의장 및 각 교섭단체 대표의원과 협의하여 선임하거나 개선하며, 각 교섭단체 대표의원은 정보위원회의 위원이 된다.

② 예산결산특별위원회와 윤리특별위원회는 활동기한을 정해서 그 기한의 종료 시까지만 존속한다.

③ 정무위원회는 대통령비서실과 국무총리비서실의 소관사항을 관장한다.

④ 소위원회는 폐회 중에는 활동할 수 없으며, 법률안을 심사하는 소위원회는 매월 2회 이상 개회한다.

[정답 및 해설] ①

① O [국회법 제48조 ③ 정보위원회의 위원은 의장이 각 교섭단체 대표의원으로부터 해당 교섭단체 소속 의원 중에서 후보를 추천받아 부의장 및 각 교섭단체 대표의원과 협의하여 선임하거나 개선한다. 다만, 각 교섭단체 대표의원은 정보위원회의 위원이 된다.]

② X 2018년 법 개정으로 윤리특별위원회는 비상설 특별위원회로 변경.

③ X [국회법 제37조 제1항

1. 국회운영위원회

가. 국회 운영에 관한 사항

나. 「국회법」과 국회규칙에 관한 사항

다. 국회사무처 소관에 속하는 사항

라. 국회도서관 소관에 속하는 사항

마. 국회예산정책처 소관에 속하는 사항

바. 국회입법조사처 소관에 속하는 사항

사. 대통령비서실, 국가안보실, 대통령경호처 소관에 속하는 사항

아. 국가인권위원회 소관에 속하는 사항

3. 정무위원회

가. 국무조정실, 국무총리비서실 소관에 속하는 사항

나. 국가보훈처 소관에 속하는 사항

다. 공정거래위원회 소관에 속하는 사항

라. 금융위원회 소관에 속하는 사항

마. 국민권익위원회 소관에 속하는 사항

④ X [국회법 제57조 ⑥ 소위원회는 폐회 중에도 활동할 수 있으며, 법률안을 심사하는 소위원회는 매월 3회 이상 개회한다. 다만, 국회운영위원회, 정보위원회 및 여성가족위원회의 법률안을 심사하는 소위원회의 경우에는 소위원장이 개회 횟수를 달리 정할 수 있다.]

## 20 국회의원선거에 대한 설명으로 옳지 않은 것은?

① 국회의원선거구획정위원회는 중앙선거관리위원회 위원장이 위촉하는 9명의 위원으로 구성하되, 위원장은 위원 중에서 호선한다.

② 국회는 국회의원지역구를 선거일 전 180일까지 확정하여야 한다.

③ 국회의원의 임기가 개시된 후에 실시하는 보궐선거에 의한 의원의 임기는 당선이 결정된 때부터 개시되며 전임자의 잔임기간으로 한다.

④ 선거일 현재 금고 이상의 형의 선고를 받고 그 형이 실효되지 아니한 자는 피선거권이 없다.

**정답 및 해설** ②

① O [공직선거법 제24조 ③국회의원선거구획정위원회는 중앙선거관리위원회위원장이 위촉하는 9명의 위원으로 구성하되, 위원장은 위원 중에서 호선한다.]

② X [공직선거법 제24조의2(국회의원지역구 확정) ① 국회는 국회의원지역구를 선거일 전 1년까지 확정하여야 한다.]

③ O [법 제14조 ②국회의원과 지방의회의원(이하 이 항에서 "의원"이라 한다)의 임기는 총선거에 의한 전임의원의 임기만료일의 다음 날부터 개시된다. 다만, 의원의 임기가 개시된 후에 실시하는 선거와 지방의회의원의 증원선

거에 의한 의원의 임기는 당선이 결정된 때부터 개시되며 전임자 또는 같은 종류의 의원의 잔임기간으로 한다.]

④ O [공선법 제19조 제2호]

**21** 탄핵심판에 대한 설명으로 옳은 것은?

① 탄핵의 대상이 되는 공직자는 대통령, 국무총리, 국무위원, 행정각부의 장, 헌법재판소 재판관, 법관, 중앙선거관리위원회 위원, 감사원장, 감사위원 기타 법률이 정한 공무원이다.

② 대통령에 대한 탄핵소추는 국회재적의원 3분의 1 이상의 발의와 국회재적의원 과반수의 찬성에 의한 의결로 이루어지고, 탄핵의 결정에는 헌법재판소 재판관 6인 이상의 찬성이 있어야 한다.

③ 탄핵심판이 있을 때까지 탄핵소추의 의결을 받은 자의 권한행사가 정지되는지 여부에 대하여 헌법상 명문으로 규정하고 있지 않다.

④ 탄핵심판은 고위공직자에 의한 헌법침해로부터 헌법을 보호하기 위한 헌법재판제도로서, 제5차 개정헌법에서 최초 도입된 이래로 존속되어온 제도이다.

**정답 및 해설** ①

① O [헌법 제65조 제1항]

② X [헌법 제65조 ②제1항의 탄핵소추는 국회재적의원 3분의 1 이상의 발의가 있어야 하며, 그 의결은 국회재적의원 과반수의 찬성이 있어야 한다. 다만, 대통령에 대한 탄핵소추는 국회재적의원 과반수의 발의와 국회재적의원 3분의 2 이상의 찬성이 있어야 한다.]

③ X [헌법 제65조 ③탄핵소추의 의결을 받은 자는 탄핵심판이 있을 때까지 그 권한행사가 정지된다.]

④ X 탄핵제도는 제헌헌법부터 계속 존속해 온 제도이다.

**22** 사법권의 독립에 대한 설명으로 옳지 않은 것은? (다툼이 있는 경우 판례에 의함)

① 명령·규칙 또는 처분이 헌법이나 법률에 위반되는 여부가 재판의 전제가 된 경우에는 대법원은 이를 최종적으로 심사할 권한을 가진다.

② 국정감사 또는 국정조사는 계속 중인 재판에 관여할 목적으로 행사되어서는 아니된다.

③ 대법원장은 다른 국가기관으로부터 법관의 파견근무 요청을 받은 경우에 업무의 성질상 법관을 파견하는 것이 타당하다고 인정되면 해당 법관이 파견근무에 동의하지 않는 경우에도 이를 허가할 수 있다.

④ 형사재판에 있어서 사법권독립은 심판기관인 법원과 소추기관인 검찰청의 분리를 요구함과 동시에 법관이 실제 재판에 있어서 소송당사자인 검사와 피고인으로부터 부당한 간섭을 받지 않은 채 독립하여야 할 것을 요구한다.

**정답 및 해설** ③

① O [헌법 제107조 제2항]

② O [국감법 제8조]

③ X [법원조직법 제50조(파견근무)

대법원장은 다른 국가기관으로부터 법관의 파견근무 요청을 받은 경우에 업무의 성질상 법관을 파견하는 것이 타당하다고 인정되고 해당 법관이 파견근무에 동의하는 경우에는 그 기간을 정하여 이를 허가할 수 있다.]

④ O 92헌마44

## 23 지방자치에 대한 설명으로 옳지 않은 것은? (다툼이 있는 경우 판례에 의함)

① 지방자치단체는 주민의 복리에 관한 사무를 처리하고 재산을 관리하며, 법령의 범위안에서 자치에 관한 규정을 제정할 수 있다.

② 헌법 제117조와 제118조에 의하여 제도적으로 보장되는 지방자치는 지방자치의 본질적 내용인 핵심영역이 어떠한 경우라도 입법 기타 중앙정부의 침해로부터 보호되어야 한다는 것을 의미한다.

③ 주민투표권은 법률이 보장하는 권리일 뿐이지 헌법이 보장하는 기본권 또는 헌법상 제도적으로 보장되는 주관적 공권으로 볼 수 없다.

④ 지방자치단체의 자치권이 미치는 관할구역의 범위에는 육지만 포함되므로, 공유수면에 대해서는 지방자치단체의 자치권한이 존재하지 않는다.

**정답 및 해설** ④

② O 96헌라1

④ X 헌재 2006. 8. 31. 2003헌라1

지방자치법 제4조 제1항에 규정된 지방자치단체의 구역은 주민·자치권과 함께 지방자치단체의 구성요소로서 자치권을 행사할 수 있는 장소적 범위를 말하며, 자치권이 미치는 관할 구역의 범위에는 육지는 물론 바다도 포함되므로, 공유수면에 대한 지방자치단체의 자치권한이 존재한다.

## 24 대의제도에 대한 설명으로 옳은 것은? (다툼이 있는 경우 판례에 의함)

① 국회의원이 계속 특정 상임위원회에서 활동하기를 원하고 있다면 그 위원회와 관련하여 위법하거나 부당한 행위를 한 사실이 인정되는 경우가 아닌 한 본인의 의사에 반하여 강제로 위원회에서 사임시킬 수는 없다.

② 국민의 국회의원 선거권은 국회의원을 보통·평등·직접·비밀선거에 의하여 국민의 대표자로 선출하는 권리에 그치는 것이기 때문에 유권자가 설정한 국회의석분포에 국회의원들을 기

속시키는 것은 대의제도의 본질에 반하는 것이다.

③ 대의제를 보완하는 직접민주주의 요소로서 우리 헌법은 국민투표만을 규정하였을 뿐 우리 헌정사상 국민발안제나 국민소환제를 채택한 적은 없다.

④ 국민과 국회의원은 자유위임관계에 있는 것이 아니라 명령적 위임관계에 있다.

**정답 및 해설** ②

① X 헌재 2003. 10. 30. 2002헌라1

피청구인의 이 사건 사·보임행위는 **청구인이 소속된 정당내부의 사실상 강제에 터 잡아 교섭단체대표의원이 상임위원회 사·보임** 요청을 하고 이에 따라 이른바 의사정리권한의 일환으로 이를 받아들인 것으로서, 그 절차·과정에 헌법이나 법률의 규정을 명백하게 위반하여 재량권의 한계를 현저히 벗어나 **청구인의 권한을 침해한 것으로는 볼 수 없다**고 할 것이다. → 보기의 지문은 권성 재판관의 반대의견임. 따라서 다수의 법정의견에 따르면 본인의 의사에 관계없이 사보임 가능하다.

② O 96헌마186 → 이른바 "국회구성권"이라는 기본권은 인정되지 않는다.

③ X 2차(54년)에서 6차(69년)까지 국민발안제 인정.

④ X 자유위임관계에 있다. 96헌마 186

## 25 경제조항에 대한 설명으로 옳지 않은 것은?

① 국가는 농지에 관하여 경자유전의 원칙이 달성될 수 있도록 노력하여야 하며, 농지의 소작제도는 금지된다.

② 국가는 건전한 소비행위를 계도하고 생산품의 품질향상을 촉구하기 위한 소비자보호운동을 법률이 정하는 바에 의하여 보장한다.

③ 국가는 지역간의 균형있는 발전을 위하여 지역경제를 육성할 의무를 지나, 중소기업을 보호·육성하여야 할 의무를 지지 아니한다.

④ 국가는 농수산물의 수급균형과 유통구조의 개선에 노력하여 가격안정을 도모함으로써 농·어민의 이익을 보호한다.

**정답 및 해설** ③

① O [헌법 제121조]

② O [헌법 제124조]

③ X [헌법 제123조 ②국가는 지역간의 균형있는 발전을 위하여 지역경제를 육성할 의무를 진다. ③ 국가는 **중소기업을 보호·육성하여야 한다**.]

④ O [헌법 제123조 제4항]

## II  2021년도 입법 고시

**01  헌법상 경제조항에 대한 설명으로 옳지 않은 것은? (다툼이 있는 경우 판례에 의함)**

① 헌법 제119조는 헌법상 경제질서에 관한 일반조항으로서 국가의 경제정책에 대한 하나의 헌법적 지침이 됨과 동시에 경제에 관한 기본권의 성질도 포함하고 있으므로 독자적인 위헌심사의 기준이 될 수 있다.

② 헌법은 제119조 이하의 경제에 관한 장에서 국가가 경제정책을 통하여 달성하여야 할 '공익'을 구체화함과 동시에 헌법 제37조제2항의 기본권제한을 위한 일반 법률유보에서의 '공공복리'를 구체화하고 있다.

③ 입법자가 경제영역에서의 국가목표를 이루기 위하여 가능한 여러 정책 중 필요하다고 판단되는 경제정책을 선택하였다면 입법자의 그러한 정책판단과 선택은 현저히 합리성을 결여한 것이라고 볼 수 없는 한 존중되어야 한다.

④ 헌법 제119조제1항이 규정하고 있는 '경제적 자유와 창의'는 직업의 자유, 재산권의 보장, 근로3권과 같은 경제에 관한 기본권 및 비례의 원칙과 같은 법치국가원리에 의하여 비로소 헌법적으로 구체화된다.

⑤ 헌법은 단지 국가가 실현하려고 의도하는 전형적인 경제목표를 예시적으로 구체화하고 있을 뿐이므로 기본권의 침해를 정당화할 수 있는 모든 공익을 아울러 고려하여 법률의 합헌성 여부를 심사하여야 한다.

**정답 및 해설** ①

① X 헌법 제119조 소정의 경제질서는 독자적인 위헌심사의 기준이 된다기보다는 결사의 자유에 대한 법치국가적 위헌심사기준, 즉 과잉금지원칙 내지는 비례의 원칙에 흡수되는 것이라고 할 것이다(2004헌바67).

**02  기본권의 주체에 대한 설명으로 옳지 않은 것은? (다툼이 있는 경우 판례에 의함)**

① 국가기관인 국회의 일부조직인 노동위원회는 기본권의 주체가 될 수 없다.

② 대학의 자율성은 대학에게 부여된 헌법상의 기본권이지만, 대학의 자치의 주체를 기본적으로 대학으로 본다고 하더라도 교수나 교수회의 기본권 주체성이 반드시 부정된다고 볼 수는 없다.

③ 외국인은 자격제도 자체를 다툴 수 있는 기본권 주체성이 인정되지 않지만 평등권의 주체는 될 수 있으므로, 자격제도와 관련된 평등권의 기본권 주체성은 인정될 수 있다.

④ 근로의 권리가 '일할 자리에 관한 권리'만이 아니라 '일할 환경에 관한 권리'도 함께 내포하고 있는데, 이 중 '일할 환경에 관한 권리'는 인간의 존엄성에 대한 침해를 방어하기 위한 자유권적 기본권의 성격도 갖고 있어 외국인 근로자라고 하여 이에 대한 기본권 주체성을 부인할 수는 없다.

⑤ 대통령은 소속 정당을 위하여 정당활동을 할 수 있는 사인으로서의 지위와 국민 모두에 대한 봉사자로서 공익실현의 의무가 있는 헌법기관으로서의 지위를 동시에 갖는데 최소한 전자의 지위와 관련하여서는 기본권 주체성을 갖는다고 할 수 있다.

**정답 및 해설** ③

③ X 헌재 2014. 8. 28. 2013헌마359

심판대상조항이 제한하고 있는 **직업의 자유**는 국가자격제도정책과 국가의 경제상황에 따라 법률에 의하여 제한할 수 있는 **국민의 권리**에 해당한다. 국가정책에 따라 정부의 허가를 받은 외국인은 정부가 허가한 범위 내에서 소득활동을 할 수 있는 것이므로, 외국인이 **국내에서 누리는 직업의 자유는 법률에 따른 정부의 허가에 의해 비로소 발생하는 권리**이다. 따라서 외국인인 청구인에게는 **그 기본권주체성이 인정되지 아니하며, 자격제도 자체를 다툴 수 있는 기본권주체성이 인정되지 아니하는 이상 /국가자격제도에 관련된 평등권에 관하여 따로 기본권주체성을 인정할 수 없다.**

**03** 정당제도에 대한 설명으로 옳지 않은 것은? (다툼이 있는 경우 판례에 의함)

① 헌법 제8조제1항 전단의 '정당설립의 자유'는 헌법 제21조제1항의 '결사의 자유'의 특별규정이다.

② 정당의 명칭은 그 정당의 정책과 정치적 신념을 나타내는 대표적인 표지에 해당하므로, 정당설립의 자유는 자신들이 원하는 명칭을 사용하여 정당을 설립하거나 정당활동을 할 자유도 포함한다.

③ 임기만료에 의한 국회의원선거에 참여하여 의석을 얻지 못하고 유효투표총수의 100분의 2 이상을 득표하지 못한 정당에 대해 그 등록을 취소하도록 한 「정당법」 조항은 정당설립의 자유를 침해한다.

④ 정당에 대한 재정적 후원을 금지하고 이를 위반 시 형사처벌하는 「정치자금법」 조항은 정당 후원회를 금지함으로써 불법 정치자금 수수로 인한 정경유착을 막고 정당의 정치자금 조달의 투명성을 확보하여 정당 운영의 투명성과 도덕성을 제고하기 위한 것이므로, 정당의 정당활동의 자유를 침해하지 않는다.

⑤ 정당의 시·도당 하부조직의 운영을 위하여 당원협의회 등의 사무소를 두는 것을 금지한 「정당법」 조항은 고비용 저효율의 정당구조를 개선하기 위한 것으로 정당활동의 자유를 침해하지 않는다.

**정답 및 해설** ④

④ X 헌재 2015. 12. 23. 2013헌바168

이 사건 법률조항은 정당 후원회를 금지함으로써 불법 정치자금 수수로 인한 정경유착을 막고 정당의 정치자금 조달의 투명성을 확보하여 정당 운영의 투명성과 도덕성을 제고하기 위한 것으로, 입법목적의 정당성은 인정된다. 그러나 정경유착의 문제는 일부 재벌기업과 부패한 정치세력에 국한된 것이고 대다수 유권자들과는 직접적인 관련이 없으므로 일반 국민의 정당에 대한 정치자금 기부를 원천적으로 봉쇄할 필요는 없고, 기부 및 모금한도액의 제한, 기부내역 공개 등의 방법으로 정치자금의 투명성을 충분히 확보할 수 있다.

정치자금 중 당비는 반드시 당원으로 가입해야만 납부할 수 있어 일반 국민으로서 자신이 지지하는 정당에 재정적 후원을 하기 위해 반드시 당원이 되어야 하므로, 정당법상 정당 가입이 금지되는 공무원 등의 경우에는 자신이 지지하는 정당에 재정적 후원을 할 수 있는 방법이 없다. 그리고 현행 기탁금 제도는 중앙선거관리위원회가 국고보조금의 배분비율에 따라 각 정당에 배분·지급하는 일반기탁금제도로서, 기부자가 자신이 지지하는 특정 정당에 재정적 후원을 하는 것과는 전혀 다른 제도이므로 이로써 정당 후원회를 대체할 수 있다고 보기도 어렵다.

나아가 정당제 민주주의 하에서 정당에 대한 재정적 후원이 전면적으로 금지됨으로써 정당이 스스로 재정을 충당하고자 하는 정당활동의 자유와 국민의 정치적 표현의 자유에 대한 제한이 매우 크다고 할 것이므로, 이 사건 법률조항은 정당의 정당활동의 자유와 국민의 정치적 표현의 자유를 침해한다.

**04** 근로3권에 대한 설명으로 옳지 않은 것은? (다툼이 있는 경우 판례에 의함)

① 노동조합이 노동조합으로서 자주성 등을 갖추고 있는지를 심사하여 이를 갖추지 못한 단체의 설립신고서를 반려하도록 하는 것은 근로자의 단결권을 침해한다고 볼 수 없다.

② 교육공무원이 아닌 대학 교원의 단결권을 인정하지 않는 것은 헌법에 위배되지만, 교육공무원인 대학 교원의 단결권을 인정하지 않는 것은 헌법에 위배되지 않는다.

③ 「국가공무원법」 제66조제1항이 근로3권이 보장되는 공무원의 범위를 사실상 노무에 종사하는 공무원에 한정한 것이 입법자에게 허용된 입법재량권의 범위를 벗어난 것이라 할 수 없다.

④ 노조전임자에 대한 급여 지원을 금지하는 것은 노조전임자나 노동조합의 단체교섭권 및 단체행동권을 침해하지 않는다.

⑤ 청원경찰에 대하여 직접행동을 수반하지 않는 단결권과 단체교섭권을 인정하더라도 시설의 안전 유지에 지장이 된다고 단정할 수 없다.

정답 및 해설 ②

② X 헌재 2018. 8. 30. 2015헌가38

대학 교원을 교육공무원 아닌 대학 교원과 교육공무원인 대학 교원으로 나누어, 각각의 단결권 침해가 헌법에 위배되는지 여부에 관하여 본다.

먼저, 심판대상조항으로 인하여 **교육공무원 아닌** 대학 교원들이 향유하지 못하는 단결권은 헌법이 보장하고 있는 근로3권의 핵심적이고 본질적인 권리이다. 심판대상조항의 입법목적이 재직 중인 초·중등교원에 대하여 교원노조를 인정해 줌으로써 교원노조의 자주성과 주체성을 확보한다는 측면에서는 그 정당성을 인정할 수 있을 것이나, 교원노조를 설립하거나 가입하여 활동할 수 있는 자격을 초·중등교원으로 한정함으로써 **교육공무원이 아닌 대학 교원에 대해서는 근로기본권의 핵심인 단결권조차 전면적으로 부정한 측면에 대해서는 그 입법목적의 정당성을 인정하기 어렵고, 수단의 적합성 역시 인정할 수 없다.** 설령 일반 근로자 및 초·중등교원과 구별되는 대학 교원의 특수성을 인정하더라도, 대학 교원에게도 단결권을 인정하면서 다만 해당 노동조합이 행사할 수 있는 권리를 다른 노동조합과 달리 강한 제약 아래 두는 방법도 얼마든지 가능하므로, 단결권을 전면적으로 부정하는 것은 필요 최소한의 제한이라고 보기 어렵다. 또 최근 들어 대학 사회가 다층적으로 변화하면서 대학 교원의 사회·경제적 지위의 향상을 위한 요구가 높아지고 있는 상황에서 단결권을 행사하지 못한 채 개별적으로만 근로조건의 향상을 도모해야 하는 불이익은 중대한 것이므로, 심판대상조항은 과잉금지원칙에 위배된다.

다음으로 **교육공무원인** 대학 교원에 대하여 보더라도, 교육공무원의 직무수행의 특성과 헌법 제33조 제1항 및 제2항의 정신을 종합해 볼 때, **교육공무원에게 근로3권을 일체 허용하지 않고 전면적으로 부정하는 것은 합리성을 상실한 과도한 것으로서 입법형성권의 범위를 벗어나 헌법에 위반**된다.

## 05 한국 헌정사에 대한 설명으로 옳지 않은 것은?

① 1948년 제헌헌법에서는 대통령 국회간선제, 국회단원제, 국무총리제, 국정감사 제도를 규정하였다.

② 1960년 제3차 개정헌법에서는 헌법재판소를 최초로 규정하였다.

③ 1962년 제5차 개정헌법에서는 법률의 위헌 여부에 대하여 최종적으로 심사할 권한을 대법원에 부여하였다.

④ 1972년 제7차 개정헌법에서는 언론·출판의 허가나 검열 금지조항을 폐지하였다.

⑤ 1987년 제9차 개정헌법에서는 환경권과 국가의 최저임금제 시행의무를 최초로 규정하였다.

정답 및 해설 ⑤

⑤ X 환경권은 80년 헌법에서 신설

**06** 헌법재판소 판례에 대한 설명으로 옳지 않은 것은?

① 특정 범죄를 범한 수형인 등에 대한 디엔에이(DNA) 감식시료 채취의 근거조항인 「디엔에이신원확인정보의 이용 및 보호에 관한 법률」 규정은 신체의 자유를 침해하지 않는다.

② 형사사건에 있어 변호인의 조력을 받을 권리는 피의자에게 보장되므로, 국선변호인의 조력을 받을 권리 또한 피의자에게 인정된다.

③ 체포영장을 발부받아 피의자를 체포하는 경우에 필요한 때에는 영장 없이 타인의 주거 등 내에서 피의자 수사를 할 수 있도록 한 「형사소송법」 규정은 별도로 영장을 발부받기 어려운 긴급한 사정이 있는지 여부를 구별하지 아니하고 피의자가 소재할 개연성만 소명되면 영장 없이 타인의 주거 등을 수색할 수 있도록 허용하고 있으므로 헌법 제16조의 영장주의에 위반된다.

④ 외국에서 형의 전부 또는 일부의 집행을 받았더라도 우리 「형법」에 의한 처벌 시 이를 전혀 반영하지 않을 수 있도록 한 「형법」 조항은 신체의 자유를 침해한다.

⑤ 무죄추정의 원칙은 피고인이나 피의자를 유죄의 판결이 확정되기 전에 죄 있는 자에 준하여 취급함으로써 법률적·사실적 측면에서 유형·무형의 차별취급을 가하는 유죄인정의 효과로서의 불이익을 주어서는 안 된다는 것을 뜻하고, 이는 비단 형사절차 내에서의 불이익뿐만 아니라 기타 일반 법생활 영역에서의 기본권 제한과 같은 경우에도 적용된다.

**정답 및 해설** ②

② X 헌재 2008. 9. 25. 2007헌마1126

헌법 제12조 제4항의 "누구든지 체포 또는 구속을 당한 때에는 즉시 변호인의 조력을 받을 권리를 가진다. 다만, 형사피고인이 스스로 변호인을 구할 수 없을 때에는 법률이 정하는 바에 의하여 국가가 변호인을 붙인다."는 규정은, 일반적으로 형사사건에 있어 변호인의 조력을 받을 권리는 피의자나 피고인을 불문하고 보장되나, 그 중 특히 국선변호인의 조력을 받을 권리는 피고인에게만 인정되는 것으로 해석함이 상당하다.

**07** 헌법재판에 대한 설명으로 옳지 않은 것은? (다툼이 있는 경우 헌법재판소 판례에 의함)

① 「헌법재판소법」 제68조제1항에 따른 헌법소원의 심판은 그 사유가 있음을 안 날부터 90일 이내에, 그 사유가 있는 날부터 1년 이내에 청구하여야 한다. 다만, 다른 법률에 따른 구제절차를 거친 헌법소원의 심판은 그 최종결정을 통지받은 날부터 30일 이내에 청구하여야 한다.

② 「헌법재판소법」 제68조제1항 본문 중 '법원의 재판을 제외하고는' 부분은 헌법재판소가 위헌으로 결정한 법령을 적용함으로써 국민의 기본권을 침해한 재판이 포함되는 것으로 해석하는 한 헌법에 위반된다.

③ 법원이 법률의 위헌 여부 심판을 헌법재판소에 제청한 때에는 당해 소송사건의 재판은 헌법재판소의 위헌 여부의 결정이 있을 때까지 정지된다. 다만, 법원이 긴급하다고 인정하는 경우에는 종국재판 외의 소송절차를 진행할 수 있다.

④ 위헌으로 결정된 형벌에 관한 법률 또는 법률의 조항은 소급하여 그 효력을 상실한다. 다만, 해당 법률 또는 법률의 조항에 대하여 종전에 합헌으로 결정한 사건이 있는 경우에는 그 결정이 있는 날의 다음 날로 소급하여 효력을 상실한다.

⑤ 대한변호사협회가 변호사등록사무의 수행과 관련하여 정립한 규범은 대외적 구속력이 없는 단순한 내부적 기준으로서 헌법소원의 대상이 되지 않는다.

**정답 및 해설** ⑤

① O 헌재법 제69조 제1항
② O 2006헌마1133
③ O 헌재법 제42조 제1항
④ O 헌재법 제47조 제3항
⑤ X 헌재 2019. 11. 28. 2017헌마759
변호사 등록제도는 그 연혁이나 법적 성질에 비추어 보건대, 원래 국가의 공행정의 일부라 할 수 있으나, 국가가 행정상 필요로 인해 대한변호사협회(이하 '변협'이라 한다)에 관련 권한을 이관한 것이다. 따라서 변협은 변호사 등록에 관한 한 공법인으로서 공권력 행사의 주체이다. 또한 변호사법의 관련 규정, 변호사 등록의 법적 성질, 변호사 등록을 하려는 자와 변협 사이의 법적 관계 등을 고려했을 때 변호사 등록에 관한 한 공법인 성격을 가지는 변협이 등록사무의 수행과 관련하여 정립한 규범을 단순히 내부 기준이라거나 사법적인 성질을 지니는 것이라 볼 수는 없고, 변호사 등록을 하려는 자와의 관계에서 대외적 구속력을 가지는 공권력 행사에 해당한다고 할 것이다. 따라서 변협이 변호사 등록사무의 수행과 관련하여 정립한 규범인 심판대상조항들은 헌법소원 대상인 공권력의 행사에 해당한다.

**08** 「헌법재판소법」 제68조제1항에 따른 헌법소원심판에 대한 설명으로 옳지 않은 것은? (다툼이 있는 경우 판례에 의함)

① 자율형사립고등학교 법인 이사장을 상대로 이루어진 교육감의 입학전형요강 승인처분에 대하여 해당 학교의 입시를 준비 중인 자는 기본권 침해의 자기관련성이 인정되지 않는다.

② 도서관의 관장 등이 승인 또는 허가하면 대학구성원이 아닌 사람에 대하여도 도서 대출 및 열람실 이용이 가능하도록 한 도서관규정에 대하여 대학구성원이 아닌 사람이 헌법소원심판을 청구한 경우 기본권 침해의 직접성이 인정되지 않는다.

③ 의료인에게 하나의 의료기관만을 개설할 수 있도록 한 「의료법」 규정에 대하여 의사 및 한의사의 복수면허를 가진 의료인이 헌법소원심판을 청구한 경우 기본권 침해의 직접성이

인정된다.

④ 선거권연령을 20세로 한 「공직선거법」 규정에 대하여 18세인 자가 국회의원선거 2개월 전에 헌법소원심판을 청구한 경우 기본권 침해의 현재성이 인정된다.

⑤ 개인택시면허의 양도 및 상속을 금지하는 「여객자동차 운수사업법」 규정에 대하여 장래 개인택시면허를 취득하려는 자가 헌법소원심판을 청구한 경우 기본권 침해의 현재성이 인정되지 않는다.

**정답 및 해설** ①

① X 헌재 2015. 11. 26. 2014헌마145

이 사건 승인처분의 직접적인 상대방은 학교법인 ○○학원이사장이지만, 승인의 대상이 된 이 사건 입학전형요강과 직접적인 이해관계를 갖는 자들은 충남○○고 지원예정자들이므로, 충남○○고에 지원하고자 하는 청구인들이 승인처분의 직접적인 상대방이 아닌 제3자에 해당한다고 하여 무조건 자기관련성을 배척할 것은 아니다.

또한 청구인 8과 9는 2015년도 졸업예정자로서 2014학년도 입학전형요강과 직접적인 관련은 없다고 할 것이나, 2015학년도 입학전형에서도 동일한 비율로 선발인원이 배정될 것이 충분히 예측가능하고, 2015학년도 입학전형요강이 공고되기를 기다려 그 승인처분을 다투게 한다면 권리구제의 실효성을 기대할 수 없으므로, 이 사건 입학전형요강과 그 승인처분이 위 청구인들에게 미치는 효과나 진지성의 정도 등을 고려할 때, 입시 준비 중인 위 청구인들에게 기본권침해의 자기관련성이 인정된다고 봄이 상당하다.

② O 2014헌마977

③ O 2004헌마1021

④ O 2000헌마111

⑤ O 2010헌마443등

## 09 대통령에 대한 설명으로 옳지 않은 것은? (다툼이 있는 경우 판례에 의함)

① 대통령이 특별사면을 할 때, 중한 형에 대하여 사면을 하면서 그보다 가벼운 형에 대하여 사면을 하지 않는다고 하여도 형평의 원칙에 반하지 않는다.

② 긴급재정경제명령은 중대한 재정·경제상의 위기가 현실적으로 발생한 경우에 한하여 발할 수 있으므로, 이러한 위기가 발생할 우려가 있다는 이유로 사전적·예방적으로 발할 수는 없다.

③ 특정의 국가정책에 대하여 다수의 국민들이 국민투표를 원하고 있음에도 불구하고 대통령이 국민투표에 회부하지 아니한다면 이는 헌법에 위반된다.

④ 한미연합 군사훈련을 하기로 한 결정은 국방에 관련되는 고도의 정치적 결단에 해당하여 사법심사를 자제하여야 하는 통치행위에 해당된다고 보기 어렵다.

⑤ 계엄을 선포한 때에는 대통령은 지체 없이 국회에 통고하여야 하며, 국회가 재적의원 과반수의 찬성으로 계엄의 해제를 요구한 때에는 대통령은 이를 해제하여야 한다.

③ X 헌재 2005. 11. 24. 2005헌마579 등

헌법 제72조는 국민투표에 부쳐질 중요정책인지 여부를 대통령이 재량에 의하여 결정하도록 명문으로 규정하고 있고 헌법재판소 역시 위 규정은 대통령에게 국민투표의 실시 여부, 시기, 구체적 부의사항, 설문내용 등을 결정할 수 있는 임의적인 국민투표발의권을 독점적으로 부여하였다고 하여 이를 확인하고 있다. 따라서 특정의 국가정책에 대하여 다수의 국민들이 국민투표를 원하고 있음에도 불구하고 대통령이 이러한 희망과는 달리 국민투표에 회부하지 아니한다고 하여도 이를 헌법에 위반된다고 할 수 없고 국민에게 특정의 국가정책에 관하여 국민투표에 회부할 것을 요구할 권리가 인정된다고 할 수도 없다.

---

**10** 무죄추정의 원칙에 대한 설명으로 옳지 않은 것은? (다툼이 있는 경우 판례에 의함)

① 형사재판이 계속 중인 사람에 대하여 출국금지 처분을 할 수 있도록 한 「출입국관리법」 규정은 무죄추정의 원칙에 위반되지 않는다.

② 교도소에 수용된 때에는 국민건강보험급여를 정지하도록 한 규정은 유죄의 확정 판결이 있기 전인 미결수용자에게 불이익을 주는 것으로서 무죄추정의 원칙에 위반된다.

③ 사업자단체의 법위반행위가 있을 때 공정거래위원회가 당해 사업자단체에 대하여 '법위반 사실의 공표'를 명할 수 있도록 한 규정은 무죄추정의 원칙에 위반된다.

④ 판결선고 전 미결구금일수를 본형에 전부 또는 일부 산입하도록 규정한 「형법」 조항 중 '또는 일부' 부분은 헌법상 무죄추정의 원칙에 위반된다.

⑤ 지방자치단체의 장이 공소 제기된 후 구금상태에 있는 경우 부단체장이 그 권한을 대행하도록 한 「지방자치법」 규정은 무죄추정의 원칙에 위반되지 않는다.

② X 헌재 2005. 2. 24. 2003헌마31 등

위 조항은 수용자의 의료보장체계를 일원화하기 위한 입법 정책적 판단에 기인한 것이며 유죄의 확정 판결이 있기 전인 미결수용자에게 어떤 불이익을 주기 위한 것은 아니므로 무죄추정의 원칙에 위반된다고 할 수 없다.

---

**11** 평등권에 대한 설명으로 옳은 것은? (다툼이 있는 경우 판례에 의함)

① 대한민국 국적을 가지고 있는 영유아 중에서 재외국민인 영유아를 보육료·양육수당의 지원 대상에서 제외한다고 하더라도 국내에 거주하면서 재외국민인 영유아를 양육하는 부모를 국내에 주민등록을 두고 있는 국민에 비하여 차별하고 있는 것은 아니다.

② 사회복무요원과는 달리 산업기능요원의 경력을 공무원 초임호봉에 반영하지 않는 것은 산업기능요원의 평등권을 침해한다.

③ 초등교사 임용시험에서 동일 지역 교육대학 출신 응시자에게 제1차 시험 만점의 6% 내지 8%의 지역가산점을 부여하는 것은 다른 지역 교육대학 출신 응시자들의 평등권을 침해한다.

④ 누범을 가중하여 처벌하는 것은 전과자라는 사회적 신분에 의하여 합리적 이유 없이 차별하는 것이어서 헌법 제11조제1항의 평등의 원칙에 위배된다.

⑤ 검정고시로 고등학교 졸업학력을 취득한 사람들의 수시모집 지원을 기초생활수급자·차상위계층, 장애인 등을 대상으로 한 일부 특별전형을 제외하고 일률적으로 제한하는 국립교육대학교 수시모집 입시요강은 검정고시 출신자의 균등하게 교육을 받을 권리를 침해한다.

**정답 및 해설** ⑤

① X 헌재 2018. 1. 25. 2015헌마1047

국가와 지방자치단체는 보호자와 더불어 영유아를 건전하게 보육할 책임을 지며(영유아보육법 제4조 제2항), 영유아보육법(이하 '법'이라 한다)의 보육 이념 중 하나는 영유아가 어떠한 종류의 차별도 받지 아니하고 보육되어야 한다는 것이다(제3조 제3항). 보육료는 어린이집을 이용하는 영유아의 출석일수에 따라 해당 어린이집으로 보육료를 입금하는 방식으로 지원되고, 영유아가 출국 후 91일째 되는 날에는 보육료 지원이 정지된다(법 제34조 제1항, 법 시행규칙 제35조의3, 보건복지부지침). 양육수당 역시 영유아가 90일 이상 해외에 장기 체류하는 경우에는 그 기간 동안 비용의 지원을 정지하도록 하였다(법 제34조의2 제3항). 이와 같은 법의 목적과 보육이념, 보육료·양육수당 지급에 관한 법 규정을 종합할 때, 보육료·양육수당은 영유아가 국내에 거주하면서 국내에 소재한 어린이집을 이용하거나 가정에서 양육되는 경우에 지원이 되는 것으로 제도가 마련되어 있다.

단순한 단기체류가 아니라 국내에 거주하는 재외국민, 특히 외국의 영주권을 보유하고 있으나 상당한 기간 국내에서 계속 거주하고 있는 자들은 주민등록법상 재외국민으로 등록·관리될 뿐 '국민인 주민'이라는 점에서는 다른 일반 국민과 실질적으로 동일하므로, 단지 외국의 영주권을 취득한 재외국민이라는 이유로 달리 취급할 아무런 이유가 없어 위와 같은 차별은 청구인들의 평등권을 침해한다.

② X 헌재 2016. 6. 30. 2014헌마192

심판대상조항은 병역의무로 인하여 본인의 의사와 관계없이 징집·소집되어 적정한 보수를 받지 못하고 공무수행으로 복무한 기간을 공무원 초임호봉에 반영함으로써, 상대적으로 열악한 환경에서 병역의무를 이행한 공로를 금전적으로 보상하고자 함에 그 취지가 있다. 그런데 사회복무요원은 공익 수행을 목적으로 한 제도로, 그 직무가 공무수행으로 인정되고, 본인의사에 관계없이 소집되며, 현역병에 준하는 최소한의 보수만 지급됨에 반하여, /산업기능요원은 국가산업 육성을 목적으로 한 제도로, 그 직무가 공무수행으로 인정되지 아니하고, 본인의사에 따라 편입 가능하며, 근로기준법 및 최저임금법의 적용을 받는다. 심판대상조항은 이와 같은 실질적 차이를 고려하여 상대적으로 열악한 환경에서 병역의무를 이행한 것으로 평가되는 현역병 및 사회복무요원의 공로를 보상하도록 한 것으로 산업기능요원과의 차별취급에 합리적 이유가 있으므로, 청구인의 평등권을 침해하지 아니한다.

③ X 헌재 2014. 4. 24. 2010헌마747

구 교육공무원법 제11조의2 [별표2]에서 인정되는 각종 가산점은 제1차 시험성적의 10% 범위에서만 부여할 수 있고, 임용권자로서는 다른 가산점을 고려하여 지역가산점을 부여해야 하므로 지역가산점을 제한된 범위 내에서 부여할 수밖에 없는 점, 이 사건 지역가산점을 받지 못하는 불이익은 그런 점을 알고도 다른 지역 교대에 입학한 것에서 기인하는 점, 노력 여하에 따라서는 가산점의 불이익을 감수하고라도 수도권 지역에 합격할 길이 열려 있는 점 등에 비추어, 이 사건 지역가산점규정이 과잉금지원칙에 위배되어 다른 지역 교대출신 응시자들의 공무담임권, 평등권을 침해한다고 볼 수 없다.

④ X 헌재 2011. 5. 26. 2009헌바63 등

누범은 전범에 대한 형벌의 경고적 기능을 무시하고 다시 범죄를 저질렀다는 점에서 사회적 비난가능성이 높고, 이러한 누범이 증가하고 있는 추세를 감안하여 범죄예방 및 사회방위의 형사정책적 고려에 기인하여 이를 가중처벌하는 것이어서 합리적 근거 있는 차별이라 볼 것이므로 이 사건 법률조항이 평등원칙에 위배된다고 할 수 없다.

⑤ O 헌재 2017. 12. 28. 2016헌마649

현행 대입입시제도 중 수시모집은 대학수학능력시험 점수를 기준으로 획일적으로 학생을 선발하는 것을 지양하고, 각 대학별로 다양한 전형방법을 통하여 대학의 독자적 특성이나 목표 등에 맞추어 다양한 경력과 소질 등이 있는 자를 선발하고자 하는 것이다. 수시모집은 과거 정시모집의 예외로서 그 비중이 그리 크지 않았으나 점차 그 비중이 확대되어, 정시모집과 같거나 오히려 더 큰 비중을 차지하는 입시전형의 형태로 자리 잡고 있다. 이러한 상황에서는 수시모집의 경우라 하더라도 응시자들에게 동등한 입학 기회가 주어질 필요가 있다. 그런데 이 사건 수시모집요강은 기초생활수급자·차상위계층, 장애인 등을 대상으로 하는 일부 특별전형에만 검정고시 출신자의 지원을 허용하고 있을 뿐 수시모집에서의 검정고시 출신자의 지원을 일률적으로 제한함으로써 실질적으로 검정고시 출신자의 대학입학 기회의 박탈이라는 결과를 초래하고 있다. 수시모집의 학생선발방법이 정시모집과 동일할 수는 없으나, 이는 수시모집에서 응시자의 수학능력이나 그 정도를 평가하는 방법이 정시모집과 다른 것을 의미할 뿐, 수학능력이 있는 자들에게 동등한 기회를 주고 합리적인 선발 기준에 따라 학생을 선발하여야 한다는 점은 정시모집과 다르지 않다. 따라서 수시모집에서 검정고시 출신자에게 수학능력이 있는지 여부를 평가받을 기회를 부여하지 아니하고 이를 박탈한다는 것은 수학능력에 따른 합리적인 차별이라고 보기 어렵다. 피청구인들은 정규 고등학교 학교생활기록부가 있는지 여부, 공교육 정상화, 비교내신 문제 등을 차별의 이유로 제시하고 있으나 이러한 사유가 차별취급에 대한 합리적인 이유가 된다고 보기 어렵다.

그렇다면 이 사건 수시모집요강은 검정고시 출신자인 청구인들을 합리적인 이유 없이 차별함으로써 청구인들의 균등하게 교육을 받을 권리를 침해한다.

**12** 「국회법」에 대한 설명으로 옳지 않은 것은?

① 의원이 의장으로 당선된 때에는 당선된 다음 날부터 의장으로 재직하는 동안은 당적(黨籍)을 가질 수 없다. 다만, 국회의원 총선거에서 「공직선거법」 제47조에 따른 정당추천후보자로 추천을 받으려는 경우에는 의원 임기만료일 90일 전부터 당적을 가질 수 있다.

② 전원위원회는 재적위원 5분의 1 이상의 출석으로 개회하고, 재적위원 4분의 1 이상의 출석과 출석위원 과반수의 찬성으로 의결한다.

③ 의장은 특히 필요하다고 인정하는 안건에 대해서는 국회운영위원회와 협의하여 이를 특별위원회에 회부한다.

④ 상임위원회 위원을 선임한 후 교섭단체 소속 의원 수가 변동되었을 때에는 국회의장은

상임위원회의 교섭단체별 할당 수를 변경하여 위원을 개선할 수 있다.

⑤ 교섭단체대표의원은 국회운영위원회 및 정보위원회의 위원이 된다.

**정답 및 해설** ③

① O [국회법 제20조의2]

② O [국회법 제63조의2]

③ X [국회법 제82조(특별위원회 회부) ①의장은 특히 필요하다고 인정하는 안건에 대해서는 <mark>본회의의 의결을 거쳐</mark> 이를 특별위원회에 회부한다.]

④ O [국회법 제48조의]

⑤ O [국회법 제39조, 제48조]

## 13 국회의원의 지위와 권한에 대한 설명으로 옳지 않은 것은? (다툼이 있는 경우 판례에 의함)

① 국회의원이 발언 내용이 허위라는 점을 인식하지 못하였다면 비록 발언 내용에 다소 근거가 부족하거나 진위 여부를 확인하기 위한 조사를 제대로 하지 않았다고 하더라도, 그것이 직무수행의 일환으로 이루어진 것인 이상 이는 면책특권의 대상이 된다.

② 국회의장이 교섭단체의 필요에 따라 국회의원을 다른 상임위원회로 강제 전임하는 조치는 헌법을 위반하여 해당 국회의원의 원소속 상임위원회에서의 법률안 심의·표결권을 침해하는 것이 아니다.

③ 「국회법」은 상임위원회의 상임위원을 개선함에 있어 '임시회'의 경우에는 회기 중에 개선할 수 없도록 하고 있는데, 여기에서의 '회기'는 '개선의 대상이 되는 해당 위원이 선임 또는 개선된 임시회의 회기'를 의미하는 것으로 해석된다.

④ 국회의장은 의원에 대한 체포동의를 요청받은 후 처음 개의하는 본회의에 이를 보고하고, 본회의에 보고된 때부터 24시간 이후 72시간 이내에 표결한다.

⑤ 국회는 국회의원이 본회의 또는 위원회의 회의장에서 「국회법」 또는 국회규칙을 위반하여 회의장 질서를 어지럽히는 행위를 하거나 이에 대한 국회의장 또는 위원장의 조치에 따르지 아니하였을 경우에는 윤리특별위원회의 심사를 거치지 아니하고 징계할 수 있다.

**정답 및 해설** ⑤

③ O 2019헌라1

⑤ X [국회법 제155조(징계) 국회는 의원이 다음 각 호의 어느 하나에 해당하는 행위를 하였을 때에는 윤리특별위원회의 심사를 거쳐 그 의결로써 징계할 수 있다. 다만, 의원이 <mark>제10호에 해당하는 행위를 하였을 때에는 윤리특별위원회의 심사를 거치지 아니하고</mark> 그 의결로써 징계할 수 있다.

8. 제145조제1항에 해당되는 회의장의 질서를 어지럽히는 행위를 하거나 이에 대한 의장 또는 위원장의 조치에

따르지 아니하였을 때

10. 제148조의2를 위반하여 의장석 또는 위원장석을 점거하고 점거 해제를 위한 제145조에 따른 의장 또는 위원장의 조치에 따르지 아니하였을 때]

→ 보기에서 말하는 조문은 8호에 해당하는 것이므로 틀리다.

**14** 선거제도에 대한 설명으로 옳지 않은 것은? (다툼이 있는 경우 판례에 의함)

① 비밀선거는 자유선거를 실질적으로 보장하기 위한 수단으로서 유권자 스스로 이를 포기할 수도 있으므로 비밀선거의 원칙에 대한 예외를 두는 법률조항이 선거권을 침해하는지 여부를 판단할 때에는 헌법 제37조제2항에 따른 엄격한 심사가 적용되지 아니한다.

② 자유선거의 원칙은 선거의 전 과정에 요구되는 선거권자의 의사형성의 자유와 의사실현의 자유를 말하고, 구체적으로는 투표의 자유, 입후보의 자유, 나아가 선거운동의 자유를 뜻한다.

③ 선거권 자체를 제한하는 것이 아니라 선거권의 행사를 제한하는 법률의 경우에는 입법자에게 일정한 형성의 자유가 인정되지만, 이러한 경우에도 입법자는 헌법에 명시된 선거제도의 원칙을 존중하고 국민의 선거권이 부당하게 제한되지 않도록 하여야 한다는 헌법적 한계를 준수해야 한다.

④ 선거구 획정에 있어서 인구비례의 원칙에 의한 투표가치의 평등은 기본적이고 일차적인 기준이어야 하지만 자치구·시·군의원 선거구 획정에 있어서는 행정구역 내지 지역대표성 등 2차적 요소도 인구비례의 원칙에 못지않게 함께 고려해야 한다.

⑤ 비례대표제 하에서 선거결과의 결정에는 정당의 의석배분이 필수적인 요소를 이루게 되므로 비례대표제를 채택하는 한 직접선거의 원칙은 의원의 선출뿐만 아니라 정당의 비례적인 의석확보도 선거권자의 투표에 의하여 직접 결정될 것을 요구한다.

**정답 및 해설** ①

① X 헌재 2020. 5. 27. 2017헌마867

헌법 제24조는 모든 국민은 '법률이 정하는 바에 의하여' 선거권을 가진다고 규정함으로써 법률유보의 형식을 취하고 있지만, 이것은 선거권을 제한하기 위한 것이라기보다 이를 실현하고 보장하기 위한 것이다. 그러므로 선거권의 내용과 절차를 법률로 규정하는 경우에도 국민주권을 선언하고 있는 헌법 제1조, 평등권에 관한 헌법 제11조, 국회의원선거와 대통령선거에 있어서 보통·평등·직접·비밀선거를 보장하는 헌법 제41조 및 제67조의 취지에 부합하도록 하여야 한다. 그리고 민주주의 국가에서 국민주권과 대의제 민주주의의 실현수단으로서 선거권이 중요한 의미를 갖기 때문에, 입법자는 선거권을 최대한 보장하는 방향으로 입법을 하여야 하며, 선거권을 제한하는 법률의 합헌성을 심사하는 경우에는 그 심사의 강도도 엄격하게 하여야 한다.

따라서 선거권을 제한하는 입법은 헌법 제37조 제2항에 따라 필요하고 불가피한 예외적인 경우에만 그 제한이 정당화될 수 있으므로, 심판대상조항에 비밀선거의 원칙에 대한 예외를 두는 것이 청구인의 선거권을 침해하는지 여부를 판단할 때에도 헌법 제37조 제2항에 따른 엄격한 심사가 필요하다(헌재 2018. 1. 25. 2015헌마821등 참조).

**15** 헌법해석과 합헌적 법률해석에 대한 설명으로 옳지 않은 것만을 모두 고르면? (다툼이 있는 경우 판례에 의함)

> ㄱ. 통일정신, 국민주권원리 등은 우리나라 헌법의 연혁적·이념적 기초로서 헌법이나 법률해석에서의 해석기준으로 작용하므로 그에 기하여 곧바로 국민의 개별적 기본권성을 도출해 낼 수 있다.
>
> ㄴ. 법률의 합헌적 해석은 그 법률이 위헌으로도 해석되고 합헌으로도 해석되는 경우에 가능한 것이지, 법률의 위헌성이 분명한 경우에는 반드시 위헌선언을 하여야 한다.
>
> ㄷ. 법률의 합헌적 해석은 헌법의 최고규범성에서 나오는 법질서의 통일성에 바탕을 두고 법률이 헌법에 조화하여 해석될 수 있는 경우에는 위헌으로 판단하여서는 아니 된다는 것을 뜻하는 것으로서 권력분립과 입법권을 존중하는 정신에 그 뿌리를 두고 있다.
>
> ㄹ. 헌법은 전문과 각 개별조항이 서로 밀접한 관련을 맺으면서 하나의 통일된 가치체계를 이루고 있는 것으로서, 헌법의 제규정 가운데는 헌법의 근본가치를 보다 추상적으로 선언한 것도 있고 이를 보다 구체적으로 표현한 것도 있을 수 있으나, 이념적·논리적으로는 규범상호간의 우열을 인정할 수는 없다.

① ㄱ, ㄴ　　　　② ㄱ, ㄷ　　　　③ ㄱ, ㄹ
④ ㄴ, ㄷ　　　　⑤ ㄴ, ㄹ

**정답 및 해설** ③ ㄱ, ㄹ

ㄱ. X 헌재 1996. 4. 25. 92헌바47
헌법의 기본원리는 헌법의 이념적 기초인 동시에 헌법을 지배하는 지도원리로서 입법이나 정책결정의 방향을 제시하며 공무원을 비롯한 모든 국민·국가기관이 헌법을 존중하고 수호하도록 하는 지침이 되며, 구체적 기본권을 도출하는 근거로 될 수는 없으나 기본권의 해석 및 기본권제한입법의 합헌성 심사에 있어 해석기준의 하나로서 작용한다. 그러므로 이 사건 심판대상조항의 위헌 여부를 심사함에 있어서도 우리 헌법의 기본원리를 그 기준으로 삼아야 할 것이다.

ㄴ. O

ㄷ. O

ㄹ. X 헌재 1996. 6. 13. 94헌마118 등
헌법은 전문과 각 개별조항이 서로 밀접한 관련을 맺으면서 하나의 통일된 가치체계를 이루고 있는 것으로서, 헌법

의 제규정 가운데는 헌법의 근본가치를 보다 추상적으로 선언한 것도 있으므로 **이념적·논리적으로는 헌법규범상호간의 우열을 인정할 수 있는 것이 사실이다.** 그러나 이때 인정되는 헌법규범상호간의 우열은 추상적 가치규범의 구체화에 따른 것으로서 헌법의 통일적 해석에 있어서는 유용할 것이지만, 그것이 헌법의 어느 특정규정이 다른 규정의 효력을 전면적으로 부인할 수 있을 정도의 **개별적 헌법규정 상호간에 효력상의 차등을 의미하는 것이라고** 는 볼 수 없다.

**16** **직업의 자유에 대한 설명으로 옳지 않은 것은? (다툼이 있는 경우 판례에 의함)**

① 범죄의 종류와 관계없이 금고 이상의 형의 집행유예를 선고받고 그 유예기간이 지난 후 2년이 경과하지 아니한 자는 변호사가 될 수 없도록 규정한 것은 변호사의 직업선택의 자유를 침해하지 아니한다.

② 학원이나 체육시설에서 어린이통학버스를 운영하는 자로 하여금 어린이통학버스에 반드시 보호자를 동승하여 운행하도록 한 「여객자동차 운수사업법」 조항은 어린이 등의 안전을 효과적으로 담보하는 중요한 역할을 하는 점 등에 비추어 보면 학원이나 체육시설에서 어린이통학버스를 운영하는 자의 직업수행의 자유를 침해한다고 볼 수 없다.

③ 아동학대 관련 범죄로 형을 선고받아 확정된 자로 하여금 그 형이 확정된 때부터 형의 집행이 종료되거나 집행을 받지 아니하기로 확정된 후 10년 동안 아동 관련 기관인 체육시설 등을 운영하거나 학교에 취업할 수 없도록 제한하는 것은 아동학대 관련 범죄전력자의 직업선택의 자유를 침해하지 아니한다.

④ 직업의 자유에 의한 보호의 대상이 되는 '직업'은 생활의 기본적 수요를 충족시키기 위한 계속적 소득활동을 의미하며 휴가기간 중에 하는 일, 수습직으로서의 활동 등도 이에 포함될 수 있다.

⑤ 세무사 자격 보유 변호사로 하여금 세무사로서 세무대리를 일체할 수 없도록 전면적으로 금지한 「세무사법」 조항은 과잉금지원칙을 위반하여 세무사 자격 보유 변호사의 직업선택의 자유를 침해한다.

**정답 및 해설** ③

③ X 헌재 2018. 6. 28. 2017헌마130 등

이 사건 법률조항은 아동학대관련범죄전력자를 10년 동안 아동관련기관인 체육시설 및 '초·중등교육법' 제2조 각 호의 학교에 취업을 제한하는 방법으로 아동학대를 예방함으로써, 아동들이 행복하고 안전하게 자라나게 하는 동시에 체육시설 및 학교에 대한 윤리성과 신뢰성을 높여 아동 및 그 보호자가 이들 기관을 믿고 이용할 수 있도록 하는 입법목적을 지니는바 이러한 **입법목적은 정당하다.** 그러나 이 사건 법률조항은 아동학대관련범죄전력만으로 그가 장래에 동일한 유형의 범죄를 다시 저지를 것을 당연시하고, 형의 집행이 종료된 때부터 10년이 경과하기 전에는 결코 재범의 위험성이 소멸하지 않는다고 보며, 각 행위의 죄질에 따른 상이한 제재의 필요성을 간과함으로

써, 아동학대관련범죄전력자 중 재범의 위험성이 없는 자, 아동학대관련범죄전력이 있지만 10년의 기간 안에 재범의 위험성이 해소될 수 있는 자, 범행의 정도가 가볍고 재범의 위험성이 상대적으로 크지 않은 자에게까지 10년 동안 일률적인 취업제한을 부과하고 있는데, **이는 침해의 최소성 원칙과 법익의 균형성 원칙에 위배된다.** 따라서 이 사건 법률조항은 **청구인들의 직업선택의 자유를** 침해한다.

**17** **재산권에 대한 설명으로 옳지 않은 것은? (다툼이 있는 경우 판례에 의함)**

① 청중이나 관중으로부터 당해 공연에 대한 반대급부를 받지 아니하는 경우에는 상업용 목적으로 공표된 음반 또는 상업용 목적으로 공표된 영상저작물을 재생하여 공중에게 공연할 수 있도록 하더라도 저작재산권자의 재산권을 침해하지 않는다.

② 재직중의 사유로 금고 이상의 형을 선고받아 처벌받은 사립학교 교원에 대하여 당연퇴직을 시키면서 직무 관련 범죄 여부, 고의 또는 과실범 여부 등을 묻지 않고 퇴직급여와 퇴직수당을 일률적으로 감액하는 것은 재산권을 침해한다.

③ 퇴직연금수급자가 지방의회의원에 취임한 경우 그 재직기간 중 퇴직연금 전부의 지급을 정지하도록 하는 것은 퇴직연금수급자의 재산권을 침해한다.

④ 농지의 사회성과 공공성은 일반적인 토지의 경우보다 더 강하다고 할 수 있으므로 농지 재산권을 제한하는 입법에 대한 헌법심사의 강도는 다른 토지재산권을 제한하는 입법에 대한 것보다 완화된다.

⑤ 「공무원연금법」상의 연금수급권과 같이 사회보장수급권과 재산권의 두 요소가 불가분적으로 혼재되어 있는 경우 입법자로서는 그 구체적 내용을 정함에 있어 어느 한 쪽의 요소에 보다 중점을 둘 수도 있다.

📢 정답 및 해설 ③

① O 2016헌마1115 등

② O 2008헌가15

③ X 헌재 2017. 7. 27. 2015헌마1052

심판대상조항은 연금재정의 악화를 개선하여 공무원연금제도의 건실한 유지·존속을 도모하기 위한 것으로 입법목적이 정당하고, 지방의회의원에 대한 퇴직연금 지급을 정지하게 되면 그만큼 연금지출이 감소하므로 수단의 적합성도 인정된다. 청구인들은 지방의회의원에 취임함으로써 소득활동을 계속하게 되었으므로 실질이 '퇴직'한 것으로 볼 수 없으며, 지방의회의원이 받는 의정비의 수준을 보면 연금을 통해 보호할 필요성이 있는 '사회적 위험'이 발생한 자라고 볼 수 없다. **또한 퇴직연금수급자가 다시 지방의회의원으로 취임한 경우 국민의 세금으로 보수와 연금이라는 이중수혜를 받게 되므로 연금 지급을 정지함으로써 이를 방지할 필요가 있다.** 이와 같이 심판대상조항은 '국가나 지방자치단체의 부담으로 보수와 연금을 동시에 지급받는 것은 그 액수와 관계없이 그 자체가 이중수혜'라는 점이 고려된 것이므로, '공무원이 아닌 다른 근로활동을 통하여 급여를 받게 된 경우'와 달리 반드시 구체적 소득수준이나 기여율을 고려하여 지급정지되는 연금액을 결정해야 한다고 보기 어렵다. 따라서 심판대상조항은 침해 최소성에 반하지 아니한다. 지방의회의원은 퇴직연금을 받지 못하는 대신 보수를 지급받으므로 경제적 불이익이 크다고 보기 어려운 반면, 심판대상조항의 입법배경과 공무원연금개혁에 대한 국민적 요구 등을 고려할 때 심판대상조항이 추구하는 공익은 매우 중대하다. 그러므로 심판대상조항은 과잉금지원칙에 반하여 청구인들의 재산권을 침해한다고 볼 수 없다.

④ O 2008헌바80 등
⑤ O 97헌마333

---

**18** 권한쟁의심판에 대한 설명으로 옳지 않은 것은? (다툼이 있는 경우 판례에 의함)

① 국회의원의 심의·표결권은 국회의 대내적인 관계에서 행사되고 침해될 수 있을 뿐 다른 국가기관과의 대외적인 관계에서는 침해될 수 없다.

② 권한쟁의심판을 청구하기 위한 요건으로서 '권한을 침해할 현저한 위험'이란 아직 침해라고는 할 수 없으나 조만간 권한침해에 이르게 될 개연성이 상당히 높은 상황을 말한다.

③ 지방자치단체는 기관위임사무의 집행에 관한 권한의 존부 및 범위에 관한 권한분쟁을 이유로 기관위임사무를 집행하는 국가기관 또는 다른 지방자치단체의 장을 상대로 권한쟁의심판을 청구할 수 없다.

④ 각급 구·시·군 선거관리위원회는 헌법에 의해 설치된 국가기관이 아니므로 권한쟁의심판 청구의 당사자가 될 수 없다.

⑤ 헌법재판소가 국가기관 또는 지방자치단체의 처분을 취소하는 결정을 하더라도 그 처분의 상대방에 대하여 이미 생긴 효력에는 영향을 미치지 아니한다.

**정답 및 해설** ④

④ X 헌재 2008. 6. 26. 2005헌라7
우리 헌법은 제114조 제1항에서 선거와 국민투표의 공정한 관리 및 정당에 관한 사무를 처리하기 위하여 선거관리위원회를 둔다고 하면서, 제2항에서 제5항까지 중앙선거관리위원회에 대해 규정하고 있는 외에 제6항에서 각급 선거관리위원회의 조직·직무범위 기타 필요한 사항은 법률로 정한다고 규정하여 각급 선거관리위원회의 헌법적 근거 규정을 마련하고 있다. 또한 헌법 제115조 제1항은 각급 선거관리위원회는 선거인명부의 작성 등 선거사무와 국민투표사무에 관하여 관계 행정기관에 필요한 지시를 할 수 있다고 규정하고 있으며, 제2항은 제1항의 지시를 받은 당해 행정기관은 이에 응하여야 한다고 규정하고, 제116조 제1항은 선거운동은 각급 선거관리위원회의 관리하에 법률이 정하는 범위 안에서 하되 균등한 기회가 보장되어야 한다고 규정하여 각급 선거관리위원회의 직무 등을 정하고 있다. 우리 헌법은 중앙선거관리위원회와 각급 선거관리위원회를 통치구조의 당위적인 기구로 전제하고, 각급 선거관리위원회의 조직, 직무범위 기타 필요한 사항을 법률로 정하도록 하고 있는 것이다. 그리고 위 헌법 규정에 따라 제정된 선거관리위원회법은 각각 9인 또는 7인의 위원으로 구성되는 네 종류의 선거관리위원회를 두고 있고, 공직선거법 제13조 제1항 제3호에 의하면, 이 사건 구·시·군 선거관리위원회는 지역선거구 국회

의원 선거, 지역선거구 시·도의회의원 선거, 지역선거구 자치구·시·군 의회의원 선거, 비례대표선거구 자치구·시·군 의회의원 선거 및 자치구의 구청장·시장·군수 선거의 선거구선거사무를 담당한다.

그렇다면 중앙선거관리위원회 외에 **각급 구·시·군 선거관리위원회도 헌법에 의하여 설치된 기관으로서 헌법과 법률에 의하여 독자적인 권한을 부여받은 기관에 해당하고, 따라서 피청구인 강남구선거관리위원회도 당사자 능력이 인정된다.**

⑤ O 헌재법 제67조 제2항

## 19 위헌법률심판에 대한 설명으로 옳지 않은 것은? (다툼이 있는 경우 판례에 의함)

① '헌법에 의하여 체결·공포된 조약과 일반적으로 승인된 국제법규'는 헌법상 형식적 의미의 법률이 아니므로 위헌법률심판의 대상이 되지 않는다.

② 행정처분에 대한 소송절차에서는 행정처분에 불복하는 당사자뿐만 아니라 당해 행정처분의 주체인 행정청도 그 근거 법률의 위헌 여부에 대한 심판의 제청을 신청할 수 있다.

③ 민사소송에서 사건의 당사자가 아닌 보조참가인도 피참가인의 소송행위와 저촉되지 아니하는 한 일체의 소송행위를 할 수 있으므로 위헌법률심판제청신청을 할 수 있는 '당사자'에 해당한다.

④ 위헌법률심판제청을 신청한 당사자는 당해 법원이 제청신청을 기각한 결정에 대하여 항고할 수 없다.

⑤ 위헌법률심판제청 당시 재판의 전제성이 있었다가 심리기간 중 재판의 전제성이 소멸되었더라도 위헌법률심판제청된 법률조항에 의하여 침해된다는 기본권이 중요하여 해당 법률조항의 위헌 여부의 해명이 헌법적으로 중요성이 있음에도 그 해명이 없다면, 예외적으로 그 위헌 여부를 판단할 수 있다.

**정답 및 해설** ①

① X 헌재 2013. 3. 21. 2010헌바132 등
이처럼 일정한 규범이 위헌법률심판 또는 헌법재판소법 제68조 제2항에 의한 헌법소원심판의 대상이 되는 '법률'인지 여부는 그 제정 형식이나 명칭이 아니라 그 규범의 효력을 기준으로 판단하여야 한다. 따라서 헌법이 법률과 동일한 효력을 가진다고 규정한 긴급재정경제명령(제76조 제1항) 및 긴급명령(제76조 제2항)은 물론, 헌법상 형식적 의미의 법률은 아니지만 국내법과 동일한 효력이 인정되는 '**헌법에 의하여 체결·공포된 조약과 일반적으로 승인된 국제법규**'(제6조)의 위헌 여부의 심사권한도 헌법재판소에 전속된다고 보아야 한다.

④ O 헌재법 제41조 제4항

⑤ O 2012헌바302

**20** 사법권에 대한 설명으로 옳지 않은 것은? (다툼이 있는 경우 판례에 의함)

① 일체의 법률적 쟁송을 심리재판하는 작용인 사법작용은 헌법 그 자체에 의한 유보가 없는 한 오로지 대법원을 최고법원으로 하는 법원만이 담당할 수 있다.

② 행정심판의 판단에 대하여는 법원에 의한 사실적 측면과 법률적 측면의 심사가 모두 가능하여야만 사법권이 법원에 속한다고 할 수 있다.

③ 법관에 대한 대법원장의 징계처분 취소청구소송을 대법원에 의한 단심재판에 의하도록 하는 것은, 독립적으로 사법권을 행사하는 법관이라는 지위의 특수성과 법관에 대한 징계절차의 특수성을 감안하여 재판의 신속을 도모하기 위한 것이므로 헌법에 위반되지 않는다.

④ "대법원과 각급 법원의 조직은 법률로 정한다."라고 규정한 헌법 제102조제3항에 따라 법률로 정해지는 '대법원과 각급 법원의 조직'에는 그 관할에 관한 사항도 포함되므로 대법원이 어떤 사건을 제1심으로서 또는 상고심으로서 관할할 것인지는 법률로 정할 수 있는 것으로 보아야 한다.

⑤ 어떤 행정심판을 필요적 전심절차로 규정하는 경우에는 그 절차에 사법절차가 준용되지 않는다 하더라도 헌법 제107조 제3항에 위반되지 않는다.

📢 **정답 및 해설** ⑤

⑤ X 헌재 2000. 6. 1. 98헌바8
헌법 제107조 제3항은 "재판의 전심절차로서 행정심판을 할 수 있다. 행정심판의 절차는 법률로 정하되, 사법절차가 준용되어야 한다"고 규정하고 있으므로, 입법자가 행정심판을 전심절차가 아니라 종심절차로 규정함으로써 정식재판의 기회를 배제하거나, 어떤 행정심판을 필요적 전심절차로 규정하면서도 그 절차에 사법절차가 준용되지 않는다면 이는 헌법 제107조 제3항, 나아가 재판청구권을 보장하고 있는 헌법 제27조에도 위반된다. 여기서 말하는 "사법절차"를 특징지우는 요소로는 판단기관의 독립성·공정성, 대심적(對審的) 심리구조, 당사자의 절차적 권리보장 등을 들 수 있으나, 위 헌법조항은 행정심판에 사법절차가 "준용"될 것만을 요구하고 있으므로 위와 같은 사법절차적 요소를 엄격히 갖춰야 할 필요는 없다고 할지라도, 적어도 사법절차의 본질적 요소를 전혀 구비하지 아니하고 있다면 "준용"의 요구에마저 위반된다.

**21** 교육을 받을 권리에 대한 설명으로 옳지 않은 것은? (다툼이 있는 경우 판례에 의함)

① 학생에게도 국가의 간섭을 받지 아니하고 자신의 능력과 개성, 적성에 맞는 학교를 자유롭게 선택할 권리가 인정된다.

② 학부모의 자녀교육권과 학생의 교육을 받을 권리에는 학교교육이라는 국가의 공교육 급부의 형성과정에 균등하게 참여할 권리로서의 참여권이 내포되어 있다.

③ 헌법 제31조제3항에 따른 의무교육 무상의 범위는 모든 학생이 의무교육을 받음에 있어서 경제적인 차별 없이 수학하는 데 반드시 필요한 비용에 한한다.

④ 학교제도에 관한 국가의 규율권한과 부모의 교육권이 서로 충돌하는 경우 어떠한 법익이 우선하는가의 문제는 구체적인 경우마다 법익형량을 통하여 판단해야 한다.

⑤ 헌법 제31조제6항의 교육제도 법정주의는 교육의 영역에서 의회유보의 원칙을 규정한 것임과 동시에 국가에 대해 학교제도에 관한 포괄적인 규율권한을 부여한 것이다.

**정답 및 해설** ②

② X 헌재 2019. 11. 28. 2018헌마1153

학부모는 자녀의 개성과 능력을 고려하여 자녀의 학교교육에 관한 전반적인 계획을 세우고, 자신의 인생관·사회관·교육관에 따라 자녀를 교육시킬 권리가 있고(헌재 2016. 11. 24. 2012헌마854), 학생은 자신의 교육에 관하여 스스로 결정할 권리, 즉 교육을 통한 자유로운 인격발현권이 있다(헌재 2018. 2. 22. 2017헌마691). 또 헌법 제31조 제1항은 교육받을 권리를 규정한다. 이는 국민이 능력에 따라 균등하게 교육받을 것을 공권력에 의하여 부당하게 침해받지 않을 권리를 의미하며, 국민이 능력에 따라 균등하게 교육받을 수 있도록 국가가 적극적으로 배려하여 줄 것을 요구할 수 있는 권리로 구성된다(헌재 2008. 4. 24. 2007헌마1456 참조). 그러나 이러한 권리로부터 곧바로 학부모나 학생, 학부모회나 학생회의 인사 행정 등 학교 운영 참여권이 도출된다고 보기는 어렵다. 미성년자인 학생의 교육문제에 관하여 다양한 견해가 있을 수 있고, 최선의 교육과정을 마련하기 위하여 교육과정에 학부모나 학생이 참여할 필요가 있다고 하더라도, 이는 입법자의 광범한 입법형성영역인 정책문제에 속한다(헌재 2001. 11. 29. 2000헌마278 참조). 교육받을 권리에 기초하여 교육기회 보장을 위한 국가의 적극적 행위를 요구할 수 있다고 하더라도, 이는 학교교육을 받을 권리로서 그에 필요한 교육시설 및 제도 마련을 요구할 권리이지 특정한 교육제도나 교육과정을 요구할 권리는 아니며(헌재 2005. 11. 24. 2003헌마173 참조), 학교교육이라는 국가의 공교육 급부의 형성과정에 균등하게 참여할 권리로서의 참여권이 내포되어 있다고 할 수 없다.

즉, 입법자가 정책적 판단에 의하여 법률로써 학부모나 학생, 학부모회나 학생회에게 일정한 학교 행정 참여권 등을 부여할 수는 있으나, 그러한 참여권이 학부모의 자녀교육권이나 학생의 자유로운 인격발현권, 교육받을 권리를 근거로 하여 헌법적으로 보장된다고 볼 수 없다.

**22** 다음 계산식에서 도출되는 값으로 옳은 것은?

$$A + (B \times C) + D - E$$

―――――〈보 기〉―――――

- 법률은 특별한 규정이 없는 한 공포한 날로부터 ( A )일을 경과함으로써 효력을 발생한다.
- 대법원장과 대법관이 아닌 법관의 임기는 ( B )년으로 하며, 법률이 정하는 바에 의하여 연임할 수 있다.
- 정보위원회의 위원 정수는 ( C )명으로 한다.
- 의원이 징계대상자에 대한 징계를 요구하려는 경우에는 의원 ( D )명 이상의 찬성으로 그 사유를 적은 요구서를 의장에게 제출하여야 한다.
- 대통령이 궐위된 때 또는 대통령 당선자가 사망하거나 판결 기타의 사유로 그 자격을 상실한 때에는 ( E )일 이내에 후임자를 선거한다.

① 70　　　　　　　　② 80　　　　　　　　③ 90

④ 100　　　　　　　⑤ 110

**정답 및 해설** ④ 20 + (10 × 12) + 20 - 60=100

Ⓐ 20 → [헌법 제53조 ⑦법률은 특별한 규정이 없는 한 공포한 날로부터 **20일**을 경과함으로써 효력을 발생한다.]
Ⓑ 10 → [헌법 제105조 ③대법원장과 대법관이 아닌 법관의 임기는 **10년**으로 하며, 법률이 정하는 바에 의하여 연임할 수 있다.]
Ⓒ 12 → [국회법 제38조(상임위원회의 위원 정수) 상임위원회의 위원 정수(定數)는 국회규칙으로 정한다. 다만, 정보위원회의 위원 정수는 **12명**으로 한다.]
Ⓓ 20 → [국회법 제156조 ③ 의원이 징계대상자에 대한 징계를 요구하려는 경우에는 의원 **20명** 이상의 찬성으로 그 사유를 적은 요구서를 의장에게 제출하여야 한다.]
Ⓔ 60 → [헌법 제68조 ②대통령이 궐위된 때 또는 대통령 당선자가 사망하거나 판결 기타의 사유로 그 자격을 상실한 때에는 **60일** 이내에 후임자를 선거한다.]

**23** 자기결정권에 대한 설명으로 옳지 않은 것은? (다툼이 있는 경우 판례에 의함)

① 가정폭력 가해자에 대하여 별도의 제한 없이 직계혈족이기만 하면 사실상 자유롭게 그 자녀의 가족관계증명서와 기본증명서를 발급받을 수 있도록 함으로써, 가정폭력 피해자의 개인정보가 자녀의 가족관계증명서 등을 통하여 가정폭력 가해자인 전 배우자에게 무단으로 유출될 수 있는 가능성을 열어놓고 있는 「가족관계의 등록 등에 관한 법률」 조항은 과잉금지원칙을 위반하여 가정폭력 피해자의 개인정보자기결정권을 침해한다.

② 법무부장관으로 하여금 합격자가 결정되면 즉시 명단을 공고하고 합격자에게 합격증서를 발급하도록 한 「변호사시험법」 조항은 전체 합격자의 응시번호만을 공고하는 등의 방법으로도 입법목적을 달성할 수 있음에도 변호사시험 응시 및 합격 여부에 관한 사실을 널리 공개되게 함으로써 과잉금지원칙에 위배되어 변호사시험응시자의 개인정보자기결정권을 침해한다.

③ 「모자보건법」이 정한 예외를 제외하고는 임신기간 전체를 통틀어 모든 낙태를 전면적·일률적으로 금지하고, 이를 위반한 자를 형사처벌하는 것은 임신한 여성의 자기결정권을 침해한다.

④ 본인의 생전 의사와 관계없이 인수자가 없는 시체를 해부용으로 제공할 수 있도록 한 것은 시체 처분에 대한 자기결정권을 침해한다.

⑤ 통신매체이용음란죄로 유죄판결이 확정된 자는 신상정보 등록대상자가 된다고 규정한 「성폭력범죄의 처벌 등에 관한 특례법」 조항은 과잉금지원칙에 위배되어 해당 범죄자의 개인정보자기결정권을 침해한다.

**정답 및 해설** ②

② X 헌재 2020. 3. 26. 2018헌마77 등

심판대상조항의 입법목적은 공공성을 지닌 전문직인 변호사에 관한 정보를 널리 공개하여 법률서비스 수요자가 필요한 정보를 얻는 데 도움을 주고, 변호사시험 관리 업무의 공정성과 투명성을 간접적으로 담보하는 데 있다. 심판대상조항은 법무부장관이 시험 관리 업무를 위하여 수집한 응시자의 개인정보 중 합격자의 성명을 공개하도록 하는 데 그치므로, 청구인들의 개인정보자기결정권이 제한되는 범위와 정도는 매우 제한적이다. 합격자 명단이 공고되면 누구나, 언제든지 이를 검색할 수 있으므로, 심판대상조항은 공공성을 지닌 전문직인 변호사의 자격 소지에 대한 일반 국민의 신뢰를 형성하는 데 기여하며, 변호사에 대한 정보를 얻는 수단이 확보되어 법률서비스 수요자의 편의가 증진된다. 합격자 명단을 공고하는 경우, 시험 관리 당국이 더 엄격한 기준과 절차를 통해 합격자를 선정할 것이 기대되므로 시험 관리 업무의 공정성과 투명성이 강화될 수 있다. 따라서 심판대상조항이 과잉금지원칙에 위배되어 청구인들의 개인정보자기결정권을 침해한다고 볼 수 없다.

**24** 국회의 예산심의·확정권에 대한 설명으로 옳지 않은 것은? (다툼이 있는 경우 판례에 의함)

① 예산도 일종의 법규범이고 법률과 마찬가지로 국회의 의결을 거쳐 제정되나, 법률과 달리 국가기관만을 구속할 뿐 일반국민을 구속하지 않는다.

② 예비비는 총액으로 국회의 의결을 얻어야 하며, 예비비의 지출은 차기국회의 승인을 얻어야 한다.

③ 예산결산특별위원회가 소관상임위원회에서 삭감한 세출예산 각항의 금액을 증가하게 하거나 새 비목을 설치할 경우에는 소관상임위원회의 동의를 얻어야 한다.

④ 정부는 회계연도마다 예산안을 편성하여 회계연도 개시 60일 전까지 국회에 제출하고,

국회는 회계연도 개시 30일 전까지 이를 의결하여야 한다.

⑤ 위원회는 예산안의 심사를 매년 11월 30일까지 마쳐야 하고, 그 기한까지 심사를 마치지 아니하였을 때에는 그 다음 날에 위원회에서 심사를 마치고 바로 본회의에 부의된 것으로 본다. 다만, 의장이 각 교섭단체대표의원과 합의한 경우에는 그러하지 아니하다.

**정답 및 해설** ④

③ O [국회법 제84조]

④ X [헌법 제54조 ②정부는 회계연도마다 예산안을 편성하여 회계연도 개시 **90일전**까지 국회에 제출하고, 국회는 회계연도 개시 **30일전**까지 이를 의결하여야 한다.]

⑤ O [국회법 제85조의3]

---

**25** 국회의 입법권과 입법절차에 대한 설명으로 옳지 않은 것만을 모두 고르면? (다툼이 있는 경우 판례에 의함)

> ㄱ. 국회에서 의결된 법률안이 정부에 이송되어 15일 이내에 대통령이 공포나 재의의 요구를 하지 아니한 때에는 그 법률안은 법률로서 확정되며, 이와 같이 확정된 법률은 그 법률이 확정된 후 5일 이내에 국회의장이 공포한다.
>
> ㄴ. 제정법률안 및 전부개정법률안을 심사하는 경우에 위원회는 이에 대하여 위원회의 의결로 공청회 또는 청문회를 생략할 수는 없지만 축조심사를 생략할 수 있다.
>
> ㄷ. 대통령이 법률안에 대해 재의를 요구하기 위해서는 이의서를 붙여 국회로 환부하여야 하며, 국회는 대통령으로부터 환부된 법률안을 무기명투표로 표결한다.
>
> ㄹ. '회기결정의 건'에 대하여 무제한토론이 실시되면 무제한토론이 '회기결정의 건'의 처리 자체를 봉쇄하는 결과가 초래되므로, '회기결정의 건'은 「국회법」 제106조의2에 따른 무제한토론의 대상이 되지 않는다.

① ㄱ, ㄴ  ② ㄱ, ㄷ  ③ ㄱ, ㄹ
④ ㄴ, ㄷ  ⑤ ㄴ, ㄹ

**정답 및 해설** ① ㄱ, ㄴ

ㄱ. X [헌법 제53조 ⑥대통령은 제4항과 제5항의 규정에 의하여 확정된 법률을 지체없이 공포하여야 한다. 제5항에 의하여 법률이 확정된 후 또는 제4항에 의한 확정법률이 정부에 이송된 후 5일 이내에 **대통령이 공포하지 아니할 때에는 국회의장이 이를 공포한다**.]

ㄴ. X [국회법 제58조 ⑤ 제1항에 따른 **축조심사는 위원회의 의결로 생략할 수 있다. 다만, 제정법률안과 전부개정법률안에 대해서는 그러하지 아니하다**. ⑥ 위원회는 제정법률안과 전부개정법률안에 대해서는 **공청회 또는**

청문회를 개최하여야 한다. 다만, 위원회의 의결로 이를 생략할 수 있다.]

ㄷ. O [국회법 제112조]

ㄹ. O 헌재 2020. 5. 27. 2019헌라6 등

국회의장의 의사진행에 관한 폭넓은 재량권은 국회의 자율권의 일종이므로, 다른 국가기관은 헌법이나 법률에 명백히 위배되지 않는 한 국회의장의 의사절차 진행 행위를 존중하여야 한다.

무제한토론제도의 입법취지는 '소수 의견이 개진될 수 있는 기회'를 보장하면서도, 의사절차가 지나치게 지연되거나 안건에 대한 처리 자체가 불가능하게 되는 것을 방지하여 '안건에 대한 효율적인 심의'가 이루어지도록 하는 것이다.

국회법 제7조에 따라 집회 후 즉시 의결로 국회의 회기를 정하는 것이 국회법이 예정하고 있는 국회의 정상적인 운영 방식이다. 무제한토론 역시 국회가 집회 후 즉시 의결로 국회의 회기를 정하여 해당 회기의 종기가 정해져 있는 상태에서 실시되는 것을 전제로 하여, 해당 회기의 종기까지만 보장되도록 규정되어 있다(국회법 제106조의2 제8항).

'회기결정의 건'에 대하여 무제한토론이 실시되는 경우, 무제한토론을 할 의원이 더 이상 없거나 무제한토론의 종결동의가 가결되지 않으면, 국회가 해당 회기를 정하지 못하게 된다. 국회법 제106조의2 제8항은 무제한토론을 실시하는 중에 해당 회기가 끝나는 경우 해당 안건은 바로 다음 회기에서 지체 없이 표결하도록 규정하고 있으나, 이미 헌법 제47조 제2항에 의하여 종료된 해당 회기를 그 다음 회기에 이르러 결정할 여지는 없다. 결국 '회기결정의 건'에 대하여 무제한토론이 실시되면, 무제한토론이 '회기결정의 건'의 처리 자체를 봉쇄하는 결과가 초래된다. 이는 당초 특정 안건에 대한 처리 자체를 불가능하게 하는 것이 아니라 처리를 지연시키는 수단으로 도입된 무제한토론제도의 취지에 반할 뿐만 아니라, 국회법 제7조에도 정면으로 위반된다.

국회가 집회할 때마다 '해당 회기결정의 건'에 대하여 무제한토론이 개시되어 헌법 제47조 제2항에 따라 폐회될 때까지 무제한토론이 실시되면, 국회는 다른 안건은 전혀 심의·표결할 수 없게 되므로, 의정활동이 사실상 마비된다. 이와 같은 결과를 피하기 위해서는 국회가 매 회기에 회기를 정하는 것을 포기할 수밖에 없다. 회기를 정하지 못한 채 국회가 비정상적으로 운영되도록 하는 것이 의회정치의 정상화를 도모하고자 도입된 무제한토론제도가 의도한 바라고 볼 수는 없다.

국민의 안전이나 경제정책과 관련된 주요 법안 등 국가적으로 반드시 긴급하게 처리해야 하는 안건의 처리가 지연되면 국회가 국민의 대의기관으로서의 역할을 제대로 수행하지 못할 우려가 있다. 그런데 '회기결정의 건'이 무제한토론의 대상이라고 보면, 앞서 본 바와 같이 의정활동이 사실상 마비될 가능성이 있다. 이를 피하기 위하여 국회가 매 회기에 회기를 정하는 것을 포기하고 쟁점 안건을 먼저 상정하더라도, 정기회의 경우 100일, 임시회의 경우 30일이 넘는 기간 동안 단 한 건의 안건만을 처리할 수 있게 된다.

국회법 제106조의2 제8항은 무제한토론의 대상이 다음 회기에서 표결될 수 있는 안건임을 전제하고 있다. 그런데 '회기결정의 건'은 해당 회기가 종료된 후 소집된 다음 회기에서 표결될 수 없으므로, '회기결정의 건'이 무제한토론의 대상이 된다고 해석하는 것은 국회법 제106조의2 제8항에도 반한다.

그렇다면, '회기결정의 건'은 그 본질상 국회법 제106조의2에 따른 무제한토론의 대상이 되지 않는다고 보는 것이 타당하다.

피청구인 국회의장의 이 사건 회기 수정안 가결선포행위는 청구인 국회의원들의 심의·표결권을 침해하지 않으므로, 더 나아가 살펴볼 필요 없이 무효로 볼 수 없다.

**01** 영토조항 및 평화통일조항에 대한 설명으로 옳지 않은 것은? (다툼이 있는 경우 판례에 의함)

① 우리 헌법이 영토조항(제3조)을 두고 있는 이상 대한민국의 헌법은 북한지역을 포함한 한반도 전체에 그 효력이 미치고 따라서 북한지역은 당연히 대한민국의 영토가 된다.

② 남북합의서는 남북관계를 '나라와 나라 사이의 관계가 아닌 통일을 지향하는 과정에서 잠정적으로 형성되는 특수관계'임을 전제로 하여 이루어진 합의문서인바, 이는 한민족 공동체 내부의 특수관계를 바탕으로 한 당국 간의 합의로서 남북당국의 성의 있는 이행을 상호 약속하는 일종의 공동성명 또는 신사협정에 준하는 성격을 가진다.

③ 개별 법률의 적용 내지 준용에 있어서는 남북한의 특수관계적 성격을 고려하여 북한지역을 외국에 준하는 지역으로, 북한주민 등을 외국인에 준하는 지위에 있는 자로 규정할 수 있다.

④ 헌법상의 여러 통일관련 조항들은 국가의 통일의무를 선언한 것이므로, 그로부터 국민 개개인의 통일에 대한 기본권, 특히 국가기관에 대하여 통일과 관련된 구체적인 행위를 요구하거나 일정한 행동을 할 수 있는 권리도 도출된다.

[정답 및 해설] ④ 98헌바63
헌법상의 여러 통일관련 조항들은 국가의 통일의무를 선언한 것이기는 하지만, 그로부터 국민 개개인의 통일에 대한 기본권, 특히 국가기관에 대하여 통일과 관련된 구체적인 행동을 요구하거나 일정한 행동을 할 수 있는 권리가 도출된다고 볼 수 없다.

**02** 체계정당성의 원리에 대한 설명으로 옳지 않은 것은? (다툼이 있는 경우 판례에 의함)

① 체계정당성의 원리라는 것은 동일 규범 내에서 또는 상이한 규범 간에 그 규범의 구조나 내용 또는 규범의 근거가 되는 원칙면에서 상호 배치되거나 모순되어서는 아니된다는 하나의 헌법적 요청이다.

② 일반적으로 일정한 공권력작용이 체계정당성에 위반한다고 해서 곧 위헌이 되는 것은 아니고, 그것이 위헌이 되기 위해서는 결과적으로 비례의 원칙이나 평등의 원칙 등 일정한 헌법의 규정이나 원칙을 위반하여야 한다.

③ 체계정당성의 원리는 규범 상호간의 구조와 내용 등이 모순됨이 없이 체계와 균형을 유지하여야 한다는 헌법적 원리이지만 곧바로 입법자를 기속하는 것이라고는 볼 수 없다.

④ 규범 상호간의 체계정당성을 요구하는 이유는 입법자의 자의를 금지하여 규범의 명확성, 예측가능성 및 규범에 대한 신뢰와 법적 안정성을 확보하기 위한 것이고 이는 국가공권력에 대한 통제와 이를 통한 국민의 자유와 권리의 보장을 이념으로 하는 법치주의원리로부터 도출되는 것이다.

**정답 및 해설** ③ 2002헌바66

'체계정당성'(Systemgerechtigkeit)의 원리라는 것은 동일 규범 내에서 또는 상이한 규범간에 (수평적 관계이건 수직적 관계이건) 그 규범의 구조나 내용 또는 규범의 근거가 되는 원칙면에서 상호 배치되거나 모순되어서는 안된다는 하나의 헌법적 요청(Verfassung-spostulat)이다. 즉 이는 규범 상호간의 구조와 내용 등이 모순됨이 없이 체계와 균형을 유지하도록 입법자를 기속하는 헌법적 원리라고 볼 수 있다. 이처럼 규범 상호간의 체계정당성을 요구하는 이유는 입법자의 자의를 금지하여 규범의 명확성, 예측가능성 및 규범에 대한 신뢰와 법적 안정성을 확보하기 위한 것이고 이는 국가공권력에 대한 통제와 이를 통한 국민의 자유와 권리의 보장을 이념으로 하는 법치주의원리로부터 도출되는 것이라고 할 수 있다.

그러나 일반적으로 일정한 공권력작용이 체계정당성에 위반한다고 해서 곧 위헌이 되는 것은 아니다. 즉 체계정당성 위반(Systemwidrigkeit) 자체가 바로 위헌이 되는 것은 아니고 이는 비례의 원칙이나 평등원칙위반 내지 입법의 자의금지위반 등의 위헌성을 시사하는 하나의 징후일 뿐이다. 그러므로 체계정당성위반은 비례의 원칙이나 평등원칙위반 내지 입법자의 자의금지위반 등 일정한 위헌성을 시사하기는 하지만 아직 위헌은 아니고, 그것이 위헌이 되기 위해서는 결과적으로 비례의 원칙이나 평등의 원칙 등 일정한 헌법의 규정이나 원칙을 위반하여야 한다. 또한 입법의 체계정당성위반과 관련하여 그러한 위반을 허용할 공익적인 사유가 존재한다면 그 위반은 정당화될 수 있고 따라서 입법상의 자의금지원칙을 위반한 것이라고 볼 수 없다. 나아가 체계정당성의 위반을 정당화할 합리적인 사유의 존재에 대하여는 입법의 재량이 인정되어야 한다. 다양한 입법의 수단 가운데서 어느 것을 선택할 것인가 하는 것은 원래 입법의 재량에 속하기 때문이다. 그러므로 이러한 점에 관한 입법의 재량이 현저히 한계를 일탈한 것이 아닌 한 위헌의 문제는 생기지 않는다고 할 것이다.

## 03 대통령과 행정부에 대한 설명으로 옳지 않은 것은? (다툼이 있는 경우 판례에 의함)

① 기본권을 제한하는 내용의 입법을 위임할 때에는 법규명령에 위임하는 것이 원칙이고, 고시와 같은 형식으로 입법위임을 할 때에는 법령이 전문적·기술적 사항이나 경미한 사항으로서 업무의 성질상 위임이 불가피한 사항에 한정된다.

② 입주자들이 국가나 사업주체의 관여없이 자치활동의 일환으로 구성한 입주자대표회의는 사법상의 단체로서, 그 구성에 필요한 사항을 대통령령에 위임하도록 한 것은 법률유보원칙에 위반되지 않는다.

③ 대통령은 국무총리와 중앙행정기관의 장의 명령이나 처분이 위법 또는 부당하다고 인정하면 국무회의의 심의를 거쳐 이를 중지 또는 취소하여야 한다.

④ 국무총리는 대통령의 명을 받아 각 중앙행정기관의 장을 지휘·감독한다.

**정답 및 해설** ③ 정부조직법 제11조(대통령의 행정감독권)

① 대통령은 정부의 수반으로서 법령에 따라 모든 중앙행정기관의 장을 지휘·감독한다.

② 대통령은 국무총리와 중앙행정기관의 장의 명령이나 처분이 위법 또는 부당하다고 인정하면 이를 중지 또는 취소할 수 있다. (국무회의의 심의 필요없다!!)

**04** **재판을 받을 권리에 대한 설명으로 옳지 않은 것은? (다툼이 있는 경우 판례에 의함)**

① 재판청구권에는 민사재판, 형사재판, 행정재판뿐만 아니라 헌법재판을 받을 권리도 포함되므로, 헌법상 보장되는 기본권인 '공정한 재판을 받을 권리'에는 '공정한 헌법재판을 받을 권리'도 포함된다.

② 헌법 제27조제1항의 재판을 받을 권리는 신분이 보장되고 독립된 법관에 의한 재판의 보장을 주된 내용으로 하므로 국민참여재판을 받을 권리는 헌법 제27조제1항에서 규정하는 재판받을 권리의 보호범위에 속하지 아니한다.

③ 공정한 재판을 받을 권리 속에는 신속하고 공개된 법정의 법관의 면전에서 모든 증거자료가 조사·진술되고 이에 대하여 피고인이 공격·방어할 수 있는 기회가 보장되는 재판, 원칙적으로 당사자주의와 구두변론주의가 보장되어 당사자가 공소사실에 대한 답변과 입증 및 반증을 하는 등 공격, 방어권이 충분히 보장되는 재판을 받을 권리가 포함되어 있다.

④ 형사피해자에게 약식명령을 고지하지 않도록 규정한 것은 형사피해자의 재판절차진술권과 정식재판청구권을 침해하는 것으로서, 입법자가 입법재량을 일탈·남용하여 형사피해자의 재판을 받을 권리를 침해하는 것이다.

**정답 및 해설** ④ 2018헌마1015

형사피해자는 약식명령을 고지받지 않으나, 신청을 하는 경우 형사사건의 진행 및 처리 결과에 대한 통지를 받을 수 있고, 고소인인 경우에는 신청 없이도 검사가 약식명령을 청구한 사실을 알 수 있어, 법원이나 수사기관에 자신의 진술을 기재한 진술서나 탄원서 등을 제출하는 등 의견을 밝힐 수 있는 기회를 가질 수 있다. 또한, 약식명령은 경미하고 간이한 사건을 대상으로 하기 때문에, 대부분 범죄사실에 다툼이 없는 경우가 많고, 형사피해자도 이미 범죄사실을 충분히 인지하고 있어, 범죄사실에 대한 별도의 확인 없이도 얼마든지 법원이나 수사기관에 의견을 제출할 수 있으며, 직접 범죄사실의 확인을 원하는 경우에는 소송기록의 열람·등사를 신청하는 것도 가능하므로, 형사피해자가 약식명령을 고지받지 못한다고 하여 형사재판절차에서의 참여기회가 완전히 봉쇄되어 있다고 볼 수 없다. 따라서 이 사건 고지조항은 형사피해자의 재판절차진술권을 침해하지 않는다.

**05** 변호인의 조력을 받을 권리에 대한 설명으로 옳지 않은 것은? (다툼이 있는 경우 판례에 의함)

① 변호인이 피의자신문에 자유롭게 참여할 수 있는 권리는 피의자가 가지는 변호인의 조력을 받을 권리를 실현하는 수단이라고 할 수 있어 헌법상 기본권인 변호인의 변호권으로서 보호되어야 하므로, 검찰수사관인 피청구인이 피의자신문에 참여한 변호인인 청구인에게 피의자 후방에 앉으라고 요구한 행위는 변호인인 청구인의 변호권을 침해한다.

②「형사소송법」은 차폐시설을 설치하고 증인신문절차를 진행할 경우 피고인으로부터 의견을 듣도록 하는 등 피고인이 받을 수 있는 불이익을 최소화하기 위한 장치를 마련하고 있으므로, '피고인 등'에 대하여 차폐시설을 설치하고 신문할 수 있도록 한 것이 변호인의 조력을 받을 권리를 침해한다고 할 수는 없다.

③ 헌법 제12조제4항 본문에 규정된 변호인의 조력을 받을 권리는 형사절차에서 피의자 또는 피고인의 방어권을 보장하기 위한 것으로서「출입국관리법」상 보호 또는 강제퇴거의 절차에는 적용되지 않는다.

④ 변호인의 수사서류 열람·등사권은 피고인의 신속·공정한 재판을 받을 권리 및 변호인의 조력을 받을 권리라는 헌법상 기본권의 중요한 내용이자 구성요소이며 이를 실현하는 구체적인 수단이 된다.

**[정답 및 해설]** ③ 2014헌마346

헌법 제12조 제4항 본문의 문언 및 헌법 제12조의 조문 체계, 변호인 조력권의 속성, 헌법이 신체의 자유를 보장하는 취지를 종합하여 보면 헌법 제12조 제4항 본문에 규정된 "구속"은 사법절차에서 이루어진 구속뿐 아니라, 행정절차에서 이루어진 구속까지 포함하는 개념이다. 따라서 헌법 제12조 제4항 본문에 규정된 변호인의 조력을 받을 권리는 행정절차에서 구속을 당한 사람에게도 즉시 보장된다.

종래 이와 견해를 달리하여 헌법 제12조 제4항 본문에 규정된 변호인의 조력을 받을 권리는 형사절차에서 피의자 또는 피고인의 방어권을 보장하기 위한 것으로서 출입국관리법상 보호 또는 강제퇴거의 절차에도 적용된다고 보기 어렵다고 판시한 우리 재판소 결정(헌재 2012. 8. 23. 2008헌마430)은, 이 결정 취지와 저촉되는 범위 안에서 변경한다.

**06** 「헌법재판소법」 제68조제1항의 헌법소원에 대한 설명으로 옳은 것은? (다툼이 있는 경우 판례에 의함)

① 공권력의 작용의 직접적인 상대방이 아닌 제3자는 공권력의 작용이 그 제3자의 기본권을 직접적이고 법적으로 침해하는 경우라 하더라도 그 제3자에게 자기관련성이 인정되지 않는다.

② 청구인은 공권력 작용과 현재 관련이 있어야 하며, 장래 어느 때인가 관련될 수 있을

것이라는 것만으로는 헌법소원을 제기하기에 족하지 않으므로, 기본권침해가 장래에 발생하고 그 침해가 틀림없을 것으로 현재 확실히 예측되더라도 침해의 현재성을 인정할 수는 없다.

③ 「헌법재판소법」 제68조제1항 단서에서 말하는 다른 권리구제절차에는 사후적·보충적 구제수단인 손해배상청구나 손실보상청구도 포함된다.

④ 공권력의 불행사로 인한 기본권침해는 그 불행사가 계속되는 한 기본권침해의 부작위가 계속된다고 할 것이므로 공권력의 불행사에 대한 헌법소원은 그 불행사가 계속되는 한 기간의 제약없이 적법하게 청구할 수 있다.

**정답 및 해설** ④ 2000헌마707

① 91헌마233: 헌법재판소법 제68조 제1항에서 규정하는 "공권력의 행사 또는 불행사로 인하여 기본권의 침해를 받은 자"는 공권력의 행사 또는 불행사로 인하여 자기의 기본권이 현재 그리고 직접적으로 침해받은 자를 의미하므로 원칙적으로 공권력의 행사 또는 불행사의 직접적인 상대방이 청구인적격이 있으나, 공권력의 작용의 직접적인 상대방이 아닌 제3자라고 하더라도 공권력의 작용이 그 제3자의 기본권을 직접적이고 법적으로 침해하고 있는 경우에는 그 제3자에게 자기관련성이 있다. 반대로 타인에 대한 공권력의 작용이 단지 간접성, 사실적 또는 경제적인 이해관계로만 관련되어 있는 제3자에게는 자기관련성은 인정되지 않는다고 보아야 할 것이다.

② 2020헌마264: 다양하고 비정형적인 방법으로 비밀리에 이루어질 수 있는 수사의 성격상 청구인들에 대한 기본권침해가 수사처에 의한 수사로 구체화·현실화되는 시점에서는 적시에 권리구제를 기대하는 것이 언제나 가능하다고 단언하기 어려우므로 유효적절한 권리구제를 위하여 그 전에 기본권침해 여부를 판단할 필요가 있고, 청구인들이 고위공직자범죄 등을 범한 경우 수사처의 수사 또는 기소의 대상이 될 수 있다는 점은 현재 확실히 예측되어 청구인들에 대한 기본권침해의 우려를 단순히 장래 잠재적으로 나타날 수 있는 것에 불과하다고 볼 수 없으므로, 위 조항들로 인한 기본권침해의 현재성도 인정된다.

③ 2015헌마455: 헌법재판소법 제68조 제1항 단서에서 말하는 다른 권리구제절차는 공권력의 행사 또는 불행사를 직접대상으로 하여 그 효력을 다툴 수 있는 권리구제절차를 의미하는 것이지, 사후적·보충적 구제수단인 손해배상청구나 손실보상청구를 의미하는 것이 아님은 헌법소원제도를 규정한 헌법의 정신에 비추어 명백하다 (헌재 2011. 12. 27. 2011헌마791).

**07** 개인정보자기결정권에 대한 설명으로 옳지 않은 것은? (다툼이 있는 경우 판례에 의함)

① 구 「형의 실효 등에 관한 법률」의 해당 조항이 법원에서 불처분결정된 소년부송치 사건에 대한 수사경력자료의 삭제 및 보존기간에 대하여 규정하지 아니하여 수사경력자료에 기록된 개인정보가 당사자의 사망 시까지 보존되면서 이용되는 것은 당사자의 개인정보자기결정권에 대한 제한에 해당한다.

② 선거운동기간 중 모든 익명표현을 사전적·포괄적으로 규율하는 것은 표현의 자유보다 행정편의와 단속편의를 우선함으로써 익명표현의 자유와 개인정보자기결정권 등을 지나치게

제한한다.

③ 야당 소속 후보자 지지 혹은 정부 비판은 정치적 견해로서 개인의 인격주체성을 특징짓는 개인정보에 해당하지만, 그것이 지지 선언 등의 형식으로 공개적으로 이루어진 것이라면 개인정보자기결정권의 보호범위 내에 속하지 않는다.

④ 서울용산경찰서장이 전기통신사업자로부터 위치추적자료를 제공받아 청구인들의 위치를 확인하였거나 확인할 수 있었음에도 불구하고 청구인들의 검거를 위하여 국민건강보험공단으로부터 2년 내지 3년 동안의 요양급여정보를 제공받은 것은 청구인들의 개인정보자기결정권에 대한 중대한 침해에 해당한다.

**정답 및 해설** ③ 2017헌마416

이 사건 정보수집 등 행위는 청구인 윤○○, 정○○이 과거 야당 후보를 지지하거나 세월호 참사에 대한 정부의 대응을 비판한 의사표시에 관한 정보를 대상으로 한다. 이러한 야당 소속 후보자 지지 혹은 정부 비판은 정치적 견해로서 개인의 인격주체성을 특징짓는 개인정보에 해당하고, 그것이 지지 선언 등의 형식으로 공개적으로 이루어진 것이라고 하더라도 여전히 개인정보자기결정권의 보호범위 내에 속한다.

이 사건 정보수집 등 행위의 대상인 정치적 견해에 관한 정보는 공개된 정보라 하더라도 개인의 인격주체성을 특징짓는 것으로, 개인정보자기결정권의 보호 범위 내에 속하며, 국가가 개인의 정치적 견해에 관한 정보를 수집·보유·이용하는 등의 행위는 개인정보자기결정권에 대한 중대한 제한이 되므로 이를 위해서는 법령상의 명확한 근거가 필요함에도 그러한 법령상 근거가 존재하지 않으므로 이 사건 정보수집 등 행위는 법률유보원칙을 위반하여 청구인들의 개인정보자기결정권을 침해한다.

이 사건 정보수집 등 행위는 청구인들의 정치적 견해를 확인하여 야당 후보자를 지지한 이력이 있거나 현 정부에 대한 비판적 의사를 표현한 자에 대한 문화예술 지원을 차단하는 위헌적인 지시를 실행하기 위한 것으로, 그 목적의 정당성을 인정할 여지가 없어 청구인들의 개인정보자기결정권을 침해한다.

## 08 신체의 자유에 대한 설명으로 옳지 않은 것은? (다툼이 있는 경우 판례에 의함)

① 관광진흥개발기금 관리·운용업무에 종사토록 하기 위하여 문화체육관광부 장관에 의해 채용된 민간 전문가에 대해 「형법」상 뇌물죄의 적용에 있어서 공무원으로 의제하는 「관광진흥개발기금법」의 규정은 신체의 자유를 과도하게 제한하는 것은 아니다.

② 구 「미성년자보호법」의 해당 조항 중 "잔인성"과 "범죄의 충동을 일으킬 수 있게"라는 부분은 그 적용 범위를 법집행기관의 자의적인 판단에 맡기고 있으므로 죄형법정주의에서 파생된 명확성의 원칙에 위배된다.

③ 군인 아닌 자가 유사군복을 착용함으로써 군인에 대한 국민의 신뢰가 실추되는 것을 방지하기 위해 유사군복의 착용을 금지하는 것은 허용되지만, 유사군복을 판매목적으로 소지하는 것까지 금지하는 것은 과잉금지원칙에 위반된다.

④ 디엔에이신원확인정보의 수집·이용은 수형인등에게 심리적 압박으로 인한 범죄예방효과를 가진다는 점에서 보안처분의 성격을 지니지만, 처벌적인 효과가 없는 비형벌적 보안처분으로서 소급입법금지원칙이 적용되지 않는다.

**정답 및 해설** ③ 2018헌가14

군인 아닌 자가 유사군복을 입고 군인임을 사칭하여 군인에 대한 국민의 신뢰를 실추시키는 행동을 하는 등 군에 대한 신뢰 저하 문제로 이어져 향후 발생할 국가안전보장상의 부작용을 상정해볼 때, 단지 유사군복의 착용을 금지하는 것으로는 입법목적을 달성하기에 부족하고, 유사군복을 판매 목적으로 소지하는 것까지 금지하여 유사군복이 유통되지 않도록 하는 사전적 규제조치가 불가피하다.

유사군복의 범위는 진정한 군복과 외관상 식별이 곤란할 정도에 해당하는 물품으로 엄격하게 좁혀서 규정하고 있기 때문에, 심판대상조항에 의하여 판매목적 소지가 금지되는 유사군복의 범위가 지나치게 넓다거나 이에 관한 규제가 과도하다고 할 수 없다.

유사군복이 모방하고 있는 대상인 전투복은 군인의 전투용도로 세심하게 고안되어 제작된 특수한 물품이다. 이를 판매 목적으로 소지하지 못하여 입는 개인의 직업의 자유나 일반적 행동의 자유의 제한 정도는, 국가안전을 보장하고자 하는 공익에 비하여 결코 중하다고 볼 수 없다. 따라서 심판대상조항은 과잉금지원칙을 위반하여 직업의 자유 내지 일반적 행동의 자유를 침해한다고 볼 수 없다.

**09** 행복추구권에 대한 설명으로 옳지 않은 것은? (다툼이 있는 경우 판례에 의함)

① 공정거래위원회의 명령으로 「독점규제 및 공정거래에 관한 법률」 위반의 혐의자에게 스스로 법위반사실을 인정하여 공표하도록 강제하고 있는 '법위반사실공표명령' 부분은 헌법상 일반적 행동의 자유, 명예권, 무죄추정권 및 양심의 자유를 침해한다.

② 공문서의 한글전용을 규정한 「국어기본법」 및 「국어기본법 시행령」의 해당 조항은 '공공기관 등이 작성하는 공문서'에 대하여만 적용되고, 일반 국민이 공공기관 등에 접수·제출하기 위하여 작성하는 문서나 일상생활에서 사적 의사소통을 위해 작성되는 문서에는 적용되지 않으므로 청구인들의 행복추구권을 침해하지 않는다.

③ 「수상레저안전법」상 조종면허를 받은 사람이 동력수상레저기구를 이용하여 범죄행위를 하는 경우에 조종면허를 필요적으로 취소하도록 하는 구「수상레저안전법」상 규정은 직업의 자유 내지 일반적 행동의 자유를 침해한다.

④ 청구인이 공적인 인물의 부당한 행위를 비판하는 과정에서 모욕적인 표현을 사용한 행위가 사회상규에 위배되지 아니하는 행위로서 정당행위에 해당될 여지가 있음에도, 이에 대한 판단 없이 청구인에게 모욕 혐의를 인정한 피청구인의 기소유예처분은 청구인의 행복추구권을 침해한다.

**정답 및 해설** ① 2001헌바43

헌법 제19조에서 보호하는 양심은 옳고 그른 것에 대한 판단을 추구하는 가치적·도덕적 마음가짐으로, 개인의 소신에 따른 다양성이 보장되어야 하고 그 형성과 변경에 외부적 개입과 억압에 의한 강요가 있어서는 아니되는 인간의 윤리적 내심영역이다. 따라서 단순한 사실관계의 확인과 같이 가치적·윤리적 판단이 개입될 여지가 없는 경우는 물론, 법률해석에 관하여 여러 견해가 갈리는 경우처럼 다소의 가치관련성을 가진다고 하더라도 개인의 인격형성과는 관계가 없는 사사로운 사유나 의견 등은 그 보호대상이 아니다. 이 사건의 경우와 같이 경제규제법적 성격을 가진 공정거래법에 위반하였는지 여부에 있어서도 각 개인의 소신에 따라 어느 정도의 가치판단이 개입될 수 있는 소지가 있고 그 한도에서 다소의 윤리적 도덕적 관련성을 가질 수도 있겠으나, 이러한 법률판단의 문제는 개인의 인격형성과는 무관하며, 대화와 토론을 통하여 가장 합리적인 것으로 그 내용이 동화되거나 수렴될 수 있는 포용성을 가지는 분야에 속한다고 할 것이므로 헌법 제19조에 의하여 보장되는 양심의 영역에 포함되지 아니한다.

〈참고〉

1. 사업자단체의 독점규제및공정거래법 위반행위가 있을 때 공정거래위원회가 당해 사업자단체에 대하여 "법위반 사실의 공표"를 명할 수 있도록 한 동법 제27조 부분이 양심의 자유를 침해하는지 여부(소극)
2. 위 조항부분이 과잉금지의 원칙에 위반하여 당해 행위자의 일반적 행동의 자유 및 명예권을 침해하는지 여부 (적극)
3. 위 조항부분이 무죄추정의 원칙에 반하는지 여부(적극)

**10** **국회의 국정통제에 대한 설명으로 옳은 것으로만 묶은 것은?**

> ㄱ. 본회의는 의결로 국무총리, 국무위원 또는 정부위원의 출석을 요구할 수 있으며, 이 경우 그 발의는 의원 10명 이상이 이유를 구체적으로 밝힌 서면으로 하여야 한다.
>
> ㄴ. 국회에서 탄핵소추가 발의된 자는 그 때부터 헌법재판소의 탄핵심판이 있을 때까지 권한행사가 정지된다.
>
> ㄷ. 상임위원회는 위원회 또는 상설소위원회를 정기적으로 개회하여 그 소관 중앙행정 기관이 제출한 대통령령·총리령 및 부령의 법률 위반 여부 등을 검토하여야 한다.
>
> ㄹ. 「대통령직 인수에 관한 법률」 제5조제2항에 따라 대통령당선인이 국무총리 후보자 에 대한 인사청문의 실시를 요청하는 경우에 국회의장은 각 교섭단체 대표의원과 협의하여 그 인사청문을 실시하기 위한 인사청문특별위원회를 둔다.

① ㄱ, ㄴ        ② ㄱ, ㄹ        ③ ㄴ, ㄷ        ④ ㄷ, ㄹ

**정답 및 해설** ④ ㄷㄹ

ㄱ. 국회법 제121조(국무위원 등의 출석 요구) ① 본회의는 의결로 국무총리, 국무위원 또는 정부위원의 출석을 요구할 수 있다. 이 경우 그 발의는 의원 20명 이상이 이유를 구체적으로 밝힌 서면으로 하여야 한다.

ㄴ. 국회법 제134조 ② 소추의결서가 송달되었을 때에는 소추된 사람의 권한 행사는 정지되며, 임명권자는 소추된 사람의 사직원을 접수하거나 소추된 사람을 해임할 수 없다.

## 11 교육을 받을 권리에 대한 설명으로 옳지 않은 것은? (다툼이 있는 경우 판례에 의함)

① 초·중등학교 교사인 청구인들이 교육과정에 따라 학생들을 가르치고 평가하여야 하는 법적인 부담이나 제약을 받는다고 하더라도 이는 헌법상 보장된 기본권에 대한 제한이라고 보기 어렵다.

② 학교의 급식활동은 의무교육에 있어서 필수불가결한 교육 과정이고 이에 소요되는 경비는 의무교육의 실질적인 균등보장을 위한 본질적이고 핵심적인 항목에 해당하므로, 급식에 관한 경비를 전면무상으로 하지 않고 그 일부를 학부모의 부담으로 정하고 있는 것은 의무교육의 무상원칙에 위배된다.

③ 교육을 받을 권리가 국가에 대하여 특정한 교육제도나 시설의 제공을 요구할 수 있는 권리를 뜻하는 것은 아니므로, 대학의 구성원이 아닌 사람이 대학도서관에서 도서를 대출할 수 없거나 열람실을 이용할 수 없더라도 교육을 받을 권리가 침해된다고 볼 수 없다.

④ 학문의 자유와 대학의 자율성에 따라 대학이 학생의 선발 및 전형 등 대학입시제도를 자율적으로 마련할 수 있다 하더라도, 국민의 '균등하게 교육을 받을 권리'를 위해 대학의 자율적 학생 선발권은 일정부분 제약을 받을 수 있다.

**[정답 및 해설]** ② 2010헌바164

헌법 제31조 제3항에 규정된 의무교육의 무상원칙에 있어서 의무교육 무상의 범위는 원칙적으로 헌법상 교육의 기회균등을 실현하기 위해 필수불가결한 비용, 즉 모든 학생이 의무교육을 받음에 있어서 경제적인 차별 없이 수학하는 데 반드시 필요한 비용에 한한다.

따라서, 의무교육에 있어서 무상의 범위에는 의무교육이 실질적이고 균등하게 이루어지기 위한 본질적 항목으로, 수업료나 입학금의 면제, 학교와 교사 등 인적·물적 시설 및 그 시설을 유지하기 위한 인건비와 시설유지비 등의 부담제외가 포함되고, 그 외에도 의무교육을 받는 과정에 수반하는 비용으로서 의무교육의 실질적인 균등보장을 위해 필수불가결한 비용은 무상의 범위에 포함된다. 이러한 비용 이외의 비용을 무상의 범위에 포함시킬 것인지는 국가의 재정상황과 국민의 소득수준, 학부모들의 경제적 수준 및 사회적 합의 등을 고려하여 입법자가 입법정책적으로 해결해야 할 문제이다.

학교급식은 학생들에게 한 끼 식사를 제공하는 영양공급 차원을 넘어 교육적인 성격을 가지고 있지만, 이러한 교육적 측면은 기본적이고 필수적인 학교 교육 이외에 부가적으로 이루어지는 식생활 및 인성교육으로서의 보충적 성격을 가지므로 의무교육의 실질적인 균등보장을 위한 본질적이고 핵심적인 부분이라고까지는 할 수 없다.

이 사건 법률조항들은 비록 중학생의 학부모들에게 급식관련 비용의 일부를 부담하도록 하고 있지만, 학부모에게 급식에 필요한 경비의 일부를 부담시키는 경우에 있어서도 학교급식 실시의 기본적 인프라가 되는 부분은 배제하고 있으며, 국가나 지방자치단체의 지원으로 학부모의 급식비 부담을 경감하는 조항이 마련되어 있고, 특히 저소득층 학생들을 위한 지원방안이 마련되어 있다는 점 등을 고려해 보면, 이 사건 법률조항들이 입법형성권의 범위를 넘어 헌법상 의무교육의 무상원칙에 반하는 것으로 보기는 어렵다.

**12** **대통령에 대한 설명으로 옳지 않은 것은? (다툼이 있는 경우 판례에 의함)**

① 선거일 현재 5년 이상 국내에 거주하고 있는 40세 이상의 국민은 대통령의 피선거권이 있다. 이 경우 공무로 외국에 파견된 기간과 국내에 주소를 두고 일정기간 외국에 체류한 기간은 국내거주기간으로 본다.

② 대통령 선거에 있어서 최고득표자가 2인 이상인 때에는 국회의 공개회의에서 재적의원 과반수의 출석과 출석의원 과반수의 찬성을 얻은 자를 당선자로 한다.

③ 대통령의 임기는 전임대통령의 임기만료일의 다음날 0시부터 개시되나, 전임자의 임기가 만료된 후에 실시하는 선거와 궐위로 인한 선거에 의한 대통령의 임기는 당선이 결정된 때부터 개시된다.

④ 대통령이 헌법상 허용되지 않는 재신임 국민투표를 국민들에게 제안한 것은 그 자체로서 헌법 제72조에 반하는 것으로 헌법을 실현하고 수호해야 할 대통령의 의무를 위반한 것이다.

**정답 및 해설** ②
헌법 제67조 ② 제1항의 선거에 있어서 최고득표자가 2인 이상인 때에는 국회의 재적의원 과반수가 출석한 공개회의에서 다수표를 얻은 자를 당선자로 한다.

**13** **법원에 대한 설명으로 옳은 것은?**

① 법관이 중대한 신체상 또는 정신상의 장해로 직무를 수행할 수 없을 때에는, 대법관인 경우에는 대법원장의 제청으로 대통령이 퇴직을 명할 수 있고, 판사인 경우에는 인사위원회의 심의를 거쳐 대법원장이 퇴직을 명할 수 있다.

② 대법원은 대법원장 1명과 대법관 14명으로 구성한다.

③ 재판의 심리와 판결은 공개한다. 다만, 국가의 안전보장 또는 안녕질서를 방해하거나 선량한 풍속을 해할 염려가 있을 때에는 법원의 결정으로 심리와 판결을 공개하지 아니할 수 있다.

④ 대법원장이 궐위되거나 부득이한 사유로 직무를 수행할 수 없을 때에는 수석대법관, 선임대법관이 그 권한을 대행한다.

**정답 및 해설** ① 법원조직법 제47조(심신상의 장해로 인한 퇴직)
법관이 중대한 신체상 또는 정신상의 장해로 직무를 수행할 수 없을 때에는, 대법관인 경우에는 대법원장의 제청으로 대통령이 퇴직을 명할 수 있고, 판사인 경우에는 인사위원회의 심의를 거쳐 대법원장이 퇴직을 명할 수 있다.

**14** 헌법개정에 대한 설명으로 옳은 것으로만 묶은 것은?

> ㄱ. 국회는 헌법개정안이 공고된 날로부터 30일 이내에 의결하여야 하며, 국회의 의결은 출석의원 3분의 2 이상의 찬성을 얻어야 한다.
>
> ㄴ. 헌법개정안은 국회에서 기명투표로 표결한다.
>
> ㄷ. 헌법개정안은 국회가 의결한 후 60일 이내에 국민투표에 붙여 국회의원선거권자 과반수의 투표와 투표자 과반수의 찬성을 얻어야 한다.
>
> ㄹ. 제안된 헌법개정안은 대통령이 20일 이상의 기간 이를 공고하여야 한다.

① ㄱ, ㄴ        ② ㄱ, ㄷ

③ ㄴ, ㄹ        ④ ㄷ, ㄹ

[정답 및 해설] ③ ㄴㄹ

---

**15** 군사제도 및 군인의 기본권에 대한 설명으로 옳지 않은 것은? (다툼이 있는 경우 판례에 의함)

① 헌법 제110조제1항에 따라 특별법원으로서 군사법원을 둘 수 있지만, 법률로 군사법원을 설치함에 있어서 군사재판의 특수성을 고려하여 그 조직·권한 및 재판관의 자격을 일반법원과 달리 정하는 것은 헌법상 허용되지 않는다.

② 병(兵)에 대한 징계처분으로 일정기간 부대나 함정 내의 영창, 그 밖의 구금장소에 감금하는 영창처분은, 인신의 자유를 덜 제한하면서도 병의 비위행위를 효율적으로 억지할 수 있는 징계수단을 강구하는 것이 얼마든지 가능함에도, 병의 신체의 자유를 필요 이상으로 과도하게 제한하므로 침해의 최소성 원칙에 어긋난다.

③ 사관생도의 모든 사적 생활에서까지 예외 없이 금주의무를 이행할 것을 요구하는 것은 사관생도의 일반적 행동자유권은 물론 사생활의 비밀과 자유를 지나치게 제한하는 것이다.

④ 국군통수권은 군령(軍令)과 군정(軍政)에 관한 권한을 포괄하고, 여기서 군령이란 국방목적을 위하여 군을 현실적으로 지휘·명령하고 통솔하는 용병작용(用兵作用)을, 군정이란 군을 조직·유지·관리하는 양병작용(養兵作用)을 말한다.

[정답 및 해설] ① 2010헌바70
법률로 특별법원인 군사법원을 설치함에 있어서 군사재판의 특수성을 고려하여 그 조직·권한 및 재판관의 자격을 일반법원과 달리 정하는 것은 헌법상 허용된다(헌법 제110조 제1항).

**16** **권한쟁의심판에 대한 설명으로 옳지 않은 것은? (다툼이 있는 경우 판례에 의함)**

① 정당은 국민의 자발적 조직으로, 그 법적 성격은 일반적으로 사적·정치적 결사 내지는 법인격 없는 사단으로서 공권력의 행사 주체로서 국가기관의 지위를 갖는다고 볼 수 없으므로, 정당이 국회 내에서 교섭단체를 구성하고 있다고 하더라도 권한쟁의심판의 당사자능력이 인정되지 않는다.

② 법률안 수리행위에 대한 권한쟁의심판청구가 법률안에 대한 위원회 회부나 안건 상정, 본회의 부의 등과는 별도로 오로지 전자정보시스템으로 제출된 법률안을 접수하는 수리행위만을 대상으로 하고 있지만 사법개혁특별위원회 및 정치개혁특별위원회 위원인 청구인들의 법률안 심의·표결권이 침해될 가능성이나 위험성이 있으므로 권한쟁의심판청구는 적법하다.

③ 피청구인의 부작위에 의하여 청구인의 권한이 침해당하였다고 주장하는 권한쟁의심판은 피청구인에게 헌법상 또는 법률상 유래하는 작위의무가 있음에도 불구하고 피청구인이 그러한 의무를 다하지 아니한 경우에 허용된다.

④ 청구인이 법률안 심의·표결권의 주체인 국가기관으로서의 국회의원 자격으로 권한쟁의심판을 청구하였다가 심판절차 계속 중 사망한 경우, 권한쟁의심판청구는 청구인의 사망과 동시에 당연히 그 심판절차가 종료된다.

**정답 및 해설** ② 2019헌라3
이 사건 법률안 수리행위에 대한 권한쟁의심판청구가 법률안에 대한 위원회 회부나 안건 상정, 본회의 부의 등과는 별도로 오로지 전자정보시스템으로 제출된 법률안을 접수하는 수리행위만을 대상으로 하는 한, 그러한 법률안 수리행위만으로는 사개특위 및 정개특위 위원인 청구인들의 법률안 심의·표결권이 침해될 가능성이나 위험성이 없다. 이 부분 심판청구는 모두 부적법하다.

**17** **국정감사 및 국정조사에 대한 설명으로 옳은 것은? (다툼이 있는 경우 판례에 의함)**

① 국정감사권과 국정조사권은 국회의원의 권한일뿐 국회의 권한이라 할 수 없으므로 국회의원은 법원을 상대로 국정감사권 또는 국정조사권 자체에 관한 침해를 이유로 권한쟁의심판을 청구할 수 있다.

② 국회는 본회의 의결로써 조사위원회의 활동기간을 연장할 수 있으나 이를 단축할 수는 없다.

③ 국정조사는 소관 상임위원회별로 시행하나, 국정감사는 특별위원회를 구성하여 시행할 수 있다.

④ 국정조사를 할 특별위원회를 교섭단체 의원 수의 비율에 따라 구성하여야 하나, 조사에 참여하기를 거부하는 교섭단체의 의원은 제외할 수 있다.

**정답 및 해설** ④

국정감사 및 조사에 관한 법률 제4조(조사위원회) ① 제3조제3항의 특별위원회는 교섭단체 의원 수의 비율에 따라 구성하여야 한다. 다만, 조사에 참여하기를 거부하는 교섭단체의 의원은 제외할 수 있다.

**보기 ②번:** 제9조(조사위원회의 활동기간)

① 조사위원회의 활동기간 연장은 본회의 의결로 할 수 있다.

② 본회의는 조사위원회의 중간보고를 받고 조사를 장기간 계속할 필요가 없다고 인정되는 경우에는 의결로 조사위원회의 활동기간을 단축할 수 있다.

**보기 ③번:** → 국정감사는 소관 상임위원회별로 시행하고 국정조사는 특별위원회 또는 상임위원회로 시행한다.(o)

제2조(국정감사) ① 국회는 국정전반에 관하여 소관 상임위원회별로 매년 정기회 집회일 이전에 국정감사(이하 "감사"라 한다) 시작일부터 30일 이내의 기간을 정하여 감사를 실시한다. 다만, 본회의 의결로 정기회 기간 중에 감사를 실시할 수 있다.

제3조(국정조사) ① 국회는 재적의원 4분의 1 이상의 요구가 있는 때에는 특별위원회 또는 상임위원회로 하여금 국정의 특정사안에 관하여 국정조사(이하 "조사"라 한다)를 하게 한다.

**18** 정당해산심판에 대한 설명으로 옳지 않은 것은? (다툼이 있는 경우 판례에 의함)

① 정당의 목적이나 활동이 민주적 기본질서에 위배될 때에는 정부는 국무회의의 심의를 거쳐 헌법재판소에 정당해산심판을 청구할 수 있다.

② 정당해산심판에 있어서는 피청구인의 활동을 정지하는 가처분이 인정되지 않는다.

③ 정당의 해산을 명하는 헌법재판소의 결정은 중앙선거관리위원회가 「정당법」에 따라 집행한다.

④ 헌법재판소의 해산결정으로 정당이 해산되는 경우에 그 정당 소속 국회의원이 의원직을 상실하는지에 대하여 명문의 규정은 없으나 헌법재판소의 정당해산결정이 있는 경우 그 정당 소속 국회의원의 의원직은 당선 방식을 불문하고 모두 상실된다.

**정답 및 해설** ② 헌법재판소법 제57조(가처분)

헌법재판소는 정당해산심판의 청구를 받은 때에는 직권 또는 청구인의 신청에 의하여 종국결정의 선고 시까지 피청구인의 활동을 정지하는 결정을 할 수 있다.

**19** 문화국가원리에 대한 설명으로 옳은 것은? (다툼이 있는 경우 판례에 의함)

① 개인의 정치적 견해를 기준으로 청구인들을 문화예술계 정부지원사업에서 배제되도록 차별취급한 것은 헌법상 문화국가원리에 반하는 자의적인 것으로 정당화될 수 없다.

② 우리나라는 제9차 개정 헌법에서 문화국가원리를 헌법의 기본원리로 처음 채택하였으며, 문화국가원리는 국가의 문화국가실현에 관한 과제 또는 책임을 통하여 실현된다.

③ 국가의 문화육성의 대상에는 원칙적으로 다수의 사람에게 문화창조의 기회를 부여한다는 의미에서 엘리트문화를 제외한 서민문화, 대중문화를 정책적인 배려의 대상으로 하여야 한다.

④ 우리 헌법상 문화국가원리는 견해와 사상의 다양성을 그 본질로 하지만, 이를 실현하는 국가의 문화정책이 국가가 어떤 문화현상에 대하여도 이를 선호하거나 우대하는 경향을 보이지 않는 불편부당의 원칙을 따라야 하는 것은 아니다.

**정답 및 해설** ① 2017헌마416

이 사건 지원배제 지시는 특정한 정치적 견해를 표현한 청구인들을, 그러한 정치적 견해를 표현하지 않은 다른 신청자들과 구분하여 정부 지원사업에서 배제하여 차별적으로 취급한 것인데, 헌법상 문화국가원리에 따라 정부는 문화의 다양성·자율성·창조성이 조화롭게 실현될 수 있도록 중립성을 지키면서 문화를 육성하여야 함에도, 청구인들의 정치적 견해를 기준으로 이들을 문화예술계 지원사업에서 배제되도록 한 것은 자의적인 차별행위로서 청구인들의 평등권을 침해한다.

② 우리나라는 건국헌법 이래 문화국가원리를 헌법의 기본원리로 채택하고 있다.

③ 2003헌가1 : 문화국가원리의 이러한 특성은 문화의 개방성 내지 다원성의 표지와 연결되는데, 국가의 문화육성의 대상에는 원칙적으로 모든 사람에게 문화창조의 기회를 부여한다는 의미에서 모든 문화가 포함된다. 따라서 엘리트문화뿐만 아니라 서민문화, 대중문화도 그 가치를 인정하고 정책적인 배려의 대상으로 하여야 한다.

④ 2003헌가1: 문화국가원리는 국가의 문화국가실현에 관한 과제 또는 책임을 통하여 실현되는바, 국가의 문화정책과 밀접 불가분의 관계를 맺고 있다. 과거 국가절대주의사상의 국가관이 지배하던 시대에는 국가의 적극적인 문화간섭정책이 당연한 것으로 여겨졌다. 그러나 오늘날에 와서는 국가가 어떤 문화현상에 대하여도 이를 선호하거나, 우대하는 경향을 보이지 않는 불편부당의 원칙이 가장 바람직한 정책으로 평가받고 있다. 오늘날 문화국가에서의 문화정책은 그 초점이 문화 그 자체에 있는 것이 아니라 문화가 생겨날 수 있는 문화풍토를 조성하는 데 두어야 한다.

**20** 계엄에 대한 설명으로 옳은 것으로만 묶은 것은? (다툼이 있는 경우 판례에 의함)

> ㄱ. 계엄이 해제된 후에는 계엄하에서 행해진 위반행위의 가벌성이 소멸된다고 보아야 하므로, 계엄기간 중의 계엄포고위반행위에 대해서는 행위당시의 법령에 따라 처벌할 수 없다.
>
> ㄴ. 계엄을 선포할 때에는 국무회의의 심의를 거쳐야 하나, 계엄을 해제할 때에는 국무회의의 심의를 거치지 않아도 된다.
>
> ㄷ. 국회가 재적의원 과반수의 찬성으로 계엄의 해제를 요구한 때에는 대통령은 이를 해제하여야 한다.
>
> ㄹ. 비상계엄이 선포된 때에는 법률이 정하는 바에 의하여 영장제도, 언론·출판·집회·결사의 자유, 정부나 법원의 권한에 관하여 특별한 조치를 할 수 있다.

① ㄱ, ㄴ      ② ㄱ, ㄷ

③ ㄴ, ㄹ      ④ ㄷ, ㄹ

**정답 및 해설** ④ ⓒⓔ

㉠ 계엄은 국가비상사태에 당하여 병력으로써 국가의 안전과 공공의 안녕질서를 유지할 필요가 있을 때에 선포되고 평상상태로 회복되었을 때에 해제하는 것으로서 계엄령의 해제는 사태의 호전에 따른 조치이고 계엄령은 부당하다는 반성적 고찰에서 나온 조치는 아니므로 계엄이 해제되었다고 하여 계엄하에서 행해진 위반행위의 가벌성이 소멸된다고는 볼 수 없는 것으로서 계엄기간중의 계엄포고위반의 죄는 계엄해제후에도 행위당시의 법령에 따라 처벌되어야 하고 계엄의 해제를 범죄후 법령의 개폐로 형이 폐지된 경우와 같이 볼 수 없다.(대법원 1985. 5. 28. 선고 81도1045 전원합의체 판결)

㉡ 헌법 제89조 다음 사항은 국무회의의 심의를 거쳐야 한다. 5. 대통령의 긴급명령·긴급재정경제처분 및 명령 또는 **계엄과 그 해제**

**21** 공무담임권에 대한 설명으로 옳은 것은? (다툼이 있는 경우 판례에 의함)

① 교육의원후보자가 되려는 사람은 5년 이상의 교육경력 또는 교육행정경력을 갖추도록 규정한 구「제주특별자치도 설치 및 국제자유도시 조성을 위한 특별법」의 해당 조항은 이러한 경력을 갖추지 못한 청구인들의 공무담임권을 침해한다.

② 공무담임권의 보호영역에는 공직취임 기회의 자의적인 배제뿐 아니라, 공무원 신분의 부당한 박탈이나 권한(직무)의 부당한 정지도 포함된다.

③ 행정5급 일반임기제공무원에 관한 경력경쟁채용시험에서 '변호사 자격 등록'을 응시자격요건으로 하는 방위사업청장의 공고는 변호사 자격을 가졌으나 변호사 자격 등록을 하지 아니한 청구인들의 공무담임권을 침해한다.

④ 「고등교육법」상 심판대상 조항이 성인에 대한 성폭력범죄 행위로 벌금 100만 원 이상의 형을 선고받고 확정된 자에 한하여 「고등교육법」상의 교원으로 임용할 수 없도록 한 것은, 성폭력범죄를 범하는 대상과 형의 종류에 따라 성폭력범죄에 관한 교원으로서의 최소한의 자격기준을 설정하였다고 할 수 없으므로, 죄형법정주의 및 과잉금지원칙에 반하여 청구인의 공무담임권을 침해한다.

**정답 및 해설** ② (o)

① 2018헌마444: 심판대상조항이 교육의원이 되고자 하는 사람에게 5년 이상의 교육경력 등을 요구하는 것은, 교육전문가가 교육·학예에 관한 중요안건을 심의·의결할 수 있도록 하여 교육의 전문성을 확보하고, 교육이 외부의 부당한 간섭에 영향 받지 않도록 교육의 자주성을 달성하기 위한 것이다. 뿐만 아니라 청구인들로서는 심판대상조항이 규정한 교육경력 등을 갖추지 못하였다고 하여도 도의회의원선거에 출마하여 일반 도의회의원으로 제주특

별자치도의 교육위원이 될 수 있는 길이 열려 있다. 결국 심판대상조항은 전문성이 담보된 교육의원이 교육위원회의 구성원이 되도록 하여 헌법 제31조 제4항이 보장하고 있는 교육의 자주성·전문성·정치적 중립성을 보장하면서도 지방자치의 이념을 구현하기 위한 것으로서, 지방교육에 있어서 경력요건과 교육전문가의 참여 범위에 관한 입법재량의 범위를 일탈하여 그 합리성이 결여되어 있다거나 필요한 정도를 넘어 청구인들의 공무담임권을 침해하는 것이라 볼 수 없다.

③ 2019헌마616: 이 사건 공고는 대한변호사협회에 등록한 변호사로서 실제 변호사의 업무를 수행한 경력이 있는 사람을 우대하는 한편, 임용예정자에게 변호사등록 거부사유 등이 있는지를 대한변호사협회의 검증절차를 통하여 확인받도록 하는 데 목적이 있다. 이 사건 공고가 응시자격요건으로 변호사 자격 등록을 요구하는 것은 이러한 목적, 그리고 지원자가 채용예정직위에서 수행할 업무 등에 비추어 합리적이다.

인사권자인 피청구인은 경력경쟁채용시험을 실시하면서 응시자격요건을 구체적으로 어떻게 정할 것인지를 판단하고 결정하는 데 재량이 인정되는데, 이 사건 공고가 그 재량권을 현저히 일탈하였다고 볼 수 없다. 이 사건 공고는 청구인들의 공무담임권을 침해하지 않는다.

④ 2019헌마502: 고등교육법상의 교원은 학생의 입학, 수업, 시험출제, 성적평가에서 졸업 후 사회진출에 이르기까지 학생에 대하여 폭넓게 영향력을 행사할 수 있는 지위에 있는 점, 대학생활 전반에 관하여 지도와 상담을 하는 고등교육법상 교원이 학생을 상대로 성폭력범죄를 저지르는 경우 학생으로서는 이러한 교원의 부당한 행위에 저항하기 힘든 취약한 지위에 있게 되고, 따라서 일단 고등교육법상의 교원으로 임용되고 나면 성폭력범죄의 의도를 가진 행위를 차단하기가 극히 어려워지는 점 등에 비추어 보면, 심판대상조항이 성인에 대한 성폭력범죄 행위로 벌금 100만 원 이상의 형을 선고받고 확정된 자에 한하여 고등교육법상의 교원으로 임용할 수 없도록 한 것은, 성폭력범죄를 범하는 대상과 형의 종류에 따라 성폭력범죄에 관한 교원으로서의 최소한의 자격기준을 설정하였다고 할 것이므로, 과잉금지원칙에 반하여 청구인의 공무담임권을 침해한다고 할 수 없다.

**22** **신뢰보호원칙에 대한 설명으로 옳지 않은 것은? (다툼이 있는 경우 판례에 의함)**

① 조세에 관한 법규·제도는 신축적으로 변할 수밖에 없다는 점에서 납세의무자로서는 구법질서에 의거한 신뢰를 바탕으로 적극적으로 새로운 법률관계를 형성하였다든지 하는 특별한 사정이 없는 한 원칙적으로 현재의 세법이 변함없이 유지되리라고 기대하거나 신뢰할 수는 없다.

② 사회 환경이나 경제여건의 변화에 따른 필요성에 의하여 법률은 신축적으로 변할 수밖에 없고 변경된 새로운 법질서와 기존의 법질서 사이에는 이해관계의 상충이 불가피하므로, 국민이 가지는 모든 기대 내지 신뢰가 헌법상 권리로서 보호될 것은 아니다.

③ 법률의 제정이나 개정 시 구법 질서에 대한 당사자의 신뢰가 합리적이고도 정당하며, 법률의 제정이나 개정으로 야기되는 당사자의 손해가 극심하여 새로운 입법으로 달성하고자 하는 공익적 목적이 그러한 당사자의 신뢰의 파괴를 정당화할 수 없다면, 그러한 새로운 입법은 신뢰보호의 원칙상 허용될 수 없다.

④ 법률에 따른 개인의 행위가 단지 법률이 반사적으로 부여하는 기회의 활용을 넘어서 국가에 의하여 일정 방향으로 유인된 것이라 하더라도 개인의 신뢰보호가 국가의 법률개정이익에 우선된다고 볼 여지는 없다.

🔊 **정답 및 해설** ④ 2003헌마947

개인의 신뢰이익에 대한 보호가치는 ① 법령에 따른 개인의 행위가 국가에 의하여 일정방향으로 유인된 신뢰의 행사인지, 국가에 의하여 일정방향으로 유인된 신뢰의 행사인지, ② 아니면 단지 법률이 부여한 기회를 활용한 것으로서 원칙적으로 사적 위험부담의 범위에 속하는 것인지 여부에 따라 달라진다. 만일 **법률에 따른 개인의 행위가 단지 법률이 반사적으로 부여하는 기회의 활용을 넘어서 국가에 의하여 일정 방향으로 유인된 것이라면 특별히 보호가치가 있는 신뢰이익이 인정될 수 있고, 원칙적으로 개인의 신뢰보호가 국가의 법률개정이익에 우선된다고 볼 여지가 있다**(헌재 2002. 11. 28. 2002헌바45, 판례집 14-2, 704, 713).

**23** **국회의 운영원리 및 입법절차에 대한 설명으로 옳은 것은? (다툼이 있는 경우 판례에 의함)**

① 국회의 위임 의결이 없더라도 국회의장은 국회에서 의결된 법률안의 조문이나 자구·숫자, 법률안의 체계나 형식 등의 정비가 필요한 경우 의결된 내용이나 취지를 변경하지 않는 범위 안에서 이를 정리할 수 있다고 봄이 상당하고, 이렇듯 국회의장이 국회의 위임 없이 법률안을 정리하더라도 그러한 정리가 국회에서 의결된 법률안의 실질적 내용에 변경을 초래하는 것이 아닌 한 헌법이나 「국회법」상의 입법절차에 위반된다고 볼 수 없다.

② 의사공개의 원칙은 방청 및 보도의 자유와 회의록의 공표를 그 내용으로 하지만 출석의원 3분의 1 이상의 찬성이 있거나 의장이 국가의 안전보장을 위하여 필요하다고 인정할 때에는 공개하지 아니한다.

③ 일반정족수는 다수결의 원리를 실현하는 국회의 의결방식으로서 헌법상의 원칙에 해당한다.

④ 일사부재의의 원칙은 의회에서 일단 부결된 의안은 동일회기 중에 다시 발의하거나 심의하지 못한다는 원칙을 말하는데, 현행 헌법은 일사부재의의 원칙을 명시적으로 규정하고 있다.

🔊 **정답 및 해설** ① 2007헌마451(o)

국회의 위임 의결이 없더라도 국회의장은 국회에서 의결된 법률안의 조문이나 자구·숫자, 법률안의 체계나 형식 등의 정비가 필요한 경우 의결된 내용이나 취지를 변경하지 않는 범위 안에서 이를 정리할 수 있다고 봄이 상당하고, 이렇듯 국회의장이 국회의 위임 없이 법률안을 정리하더라도 그러한 정리가 국회에서 의결된 법률안의 실질적 내용에 변경을 초래하는 것이 아닌 한 헌법이나 국회법상의 입법절차에 위반된다고 볼 수 없다.

② 국회법 제118조(회의록의 배부·배포) ① 회의록은 의원에게 배부하고 일반인에게 배포한다. 다만, 의장이 **비밀유지나 국가안전보장을 위하여 필요하다고 인정한 부분에 관하여는 발언자 또는 그 소속 교섭단체 대표의원과 협**

의하여 게재하지 아니할 수 있다.

③ 2015헌라1: 헌법 제49조 전문은 "국회는 헌법 또는 법률에 특별한 규정이 없는 한 재적의원 과반수의 출석과 출석의원 과반수의 찬성으로 의결한다."라고 규정하여, 의회민주주의의 기본원리인 다수결의 원리를 선언하고 있다. 이러한 다수결의 원리를 실현하는 국회의 의결방식은 헌법이나 법률에 특별한 규정이 없는 한 재적의원 과반수의 출석과 출석의원 과반수의 찬성을 요하는 일반정족수를 기본으로 한다. 일반정족수는 국회의 의결이 유효하기 위한 최소한의 출석의원 또는 찬성의원의 수를 의미하므로, 의결대상 사안의 중요성과 의미에 따라 헌법이나 법률에 의결의 요건을 달리 규정할 수 있다. 즉 일반정족수는 다수결의 원리를 실현하는 국회의 의결방식 중 하나로서 국회의 의사결정시 합의에 도달하기 위한 최소한의 기준일 뿐 이를 헌법상 절대적 원칙이라고 보기는 어렵다. 헌법 제49조에 따라 어떠한 사항을 일반정족수가 아닌 특별정족수에 따라 의결할 것인지 여부는 국회 스스로 판단하여 법률에 정할 사항이다. 국회법 제109조도 "의사는 헌법 또는 이 법에 특별한 규정이 없는 한, 재적의원 과반수의 출석과 출석의원 과반수의 찬성으로 의결한다."라고 규정하여 국회법에 의결의 요건을 달리 규정할 수 있음을 밝히고 있다.

④ 헌법에는 일사부재의 원칙이 없다. 국회법 제92조와 지방자치법 제68조에 규정되어 있다.

**24** **헌법상 정족수가 같은 것으로만 묶은 것은?**

① 국무총리·국무위원 해임 건의 발의, 법관에 대한 탄핵소추 발의, 국회임시회 소집 요구

② 국회의원 제명, 대통령에 대한 탄핵소추 의결, 법률안 재의결

③ 계엄해제 요구, 법관에 대한 탄핵소추 의결, 헌법개정안 의결

④ 헌법개정안 발의, 국무총리·국무위원 해임 건의 의결, 대통령에 대한 탄핵소추 발의

**정답 및 해설** ④

헌법개정안 발의는 헌법 제128조 제1항, 국무총리, 국무위원 해임건의는 헌법 제63조, 대통령 탄핵소추 발의는 제65조에 규정되어 있다.

**25** **사생활의 비밀과 자유에 대한 설명으로 옳은 것은? (다툼이 있는 경우 판례에 의함)**

① 피고인이나 변호인에 의한 공판정에서의 녹취는 진술인의 인격권 또는 사생활의 비밀과 자유에 대한 침해를 수반하고, 실체적 진실발견 등 다른 법익과 충돌할 개연성이 있으므로, 녹취를 금지해야 할 필요성이 녹취를 허용함으로써 달성하고자 하는 이익보다 큰 경우에는 녹취를 금지 또는 제한함이 타당하다.

② 자동차를 도로에서 운전하는 중에 좌석안전띠를 착용할 것인가 여부의 생활관계는 개인의 전체적 인격과 생존에 관계되는 '사생활의 기본조건'이라 할 수 있으므로, 운전할 때 운전

자가 좌석안전띠를 착용할 의무는 청구인의 사생활의 비밀과 자유를 침해한다.

③ 헌법 제17조의 사생활의 비밀과 자유 및 헌법 제18조의 통신의 자유에 의하여 보장되는 개인정보자기결정권의 보호대상이 되는 개인정보는 개인의 신체, 신념, 사회적 지위, 신분 등과 같이 개인의 사적 영역에 국한된 사항으로서 그 개인의 동일성을 식별할 수 있게 하는 일체의 정보라고 할 수 있다.

④ 지문은 그 정보주체를 타인으로부터 식별가능하게 하는 개인정보가 아니므로, 경찰청장이 이를 보관·전산화하여 범죄수사목적에 이용하는 것은 정보주체의 개인정보자기결정권을 제한하는 것이 아니다.

**정답 및 해설** ① 91헌마114

녹취(錄取)를 금지(禁止)해야 할 필요성(必要性)이 녹취(錄取)를 허용(許容)함으로써 달성하고자 하는 이익(利益)보다 큰 경우에는 녹취(錄取)를 금지(禁止) 또는 제한(制限)함이 타당하다.

② 2002헌마518: 일반 교통에 사용되고 있는 도로는 국가와 지방자치단체가 그 관리책임을 맡고 있는 영역이며, 수많은 다른 운전자 및 보행자 등의 법익 또는 공동체의 이익과 관련된 영역으로, 그 위에서 자동차를 운전하는 행위는 더 이상 개인적인 내밀한 영역에서의 행위가 아니며, 자동차를 도로에서 운전하는 중에 좌석안전띠를 착용할 것인가 여부의 생활관계가 개인의 전체적 인격과 생존에 관계되는 '사생활의 기본조건'이라거나 자기결정의 핵심적 영역 또는 인격적 핵심과 관련된다고 보기 어려워 **더 이상 사생활영역의 문제가 아니므로**, 운전할 때 운전자가 좌석안전띠를 착용할 의무는 청구인의 사생활의 비밀과 자유를 침해하는 것이라 할 수 없다.

③ 인간의 존엄과 가치, 행복추구권을 규정한 헌법 제10조 제1문에서 도출되는 일반적 인격권 및 헌법 제17조의 사생활의 비밀과 자유에 의하여 보장되는 개인정보자기결정권은 자신에 관한 정보가 언제 누구에게 어느 범위까지 알려지고 또 이용되도록 할 것인지를 정보주체가 스스로 결정할 수 있는 권리이다. 개인정보자기결정권의 보호대상이 되는 개인정보는 개인의 신체, 신념, 사회적 지위, 신분 등과 같이 개인의 인격주체성을 특징짓는 사항으로서 개인의 동일성을 식별할 수 있게 하는 일체의 정보이고, 반드시 개인의 내밀한 영역에 속하는 정보에 국한되지 아니하며 공적 생활에서 형성되었거나 이미 공개된 개인정보까지 포함한다. 또한 개인정보를 대상으로 한 조사·수집·보관·처리·이용 등의 행위는 모두 원칙적으로 개인정보자기결정권에 대한 제한에 해당한다. (대법원 2016. 8. 17. 선고 2014다235080 판결 )

④ 99헌마513: 개인정보자기결정권은 자신에 관한 정보가 언제 누구에게 어느 범위까지 알려지고 또 이용되도록 할 것인지를 그 정보주체가 스스로 결정할 수 있는 권리, 즉 정보주체가 개인정보의 공개와 이용에 관하여 스스로 결정할 권리를 말하는바, 개인의 고유성, 동일성을 나타내는 지문은 그 정보주체를 타인으로부터 식별가능하게 하는 개인정보이므로, 시장·군수 또는 구청장이 개인의 지문정보를 수집하고, 경찰청장이 이를 보관·전산화하여 범죄수사목적에 이용하는 것은 모두 개인정보자기결정권을 제한하는 것이다.

제 **3** 장

# 최신 판례

# I 2020년도 헌법재판소 판례

## 정당법 제22조 제1항 단서 제1호 등 위헌확인

헌재 2020. 4. 23. 2018헌마551, 공보 제283호, 679 [위헌, 기각, 각하]

**사건개요**

가. 청구인 신○○, 박○○, 허○○, 이○○, 홍○○, 김○○은 2018. 3. 1. 중고등학교 교사로 임용되어 공립학교에서 근무하고 있고, 청구인 이□□은 1990. 3. 1. 초등학교 교사로 임용되어 공립학교에서 근무하고 있으며, 청구인 강○○은 1990. 3. 1. 중고등학교 교사로 임용되어 공립학교에서 근무하고 있고, 청구인 권○○은 1996. 3. 1. 중고등학교 교사로 임용되어 사립학교에서 근무하고 있다.

나. 청구인들은 정당법 제22조 제1항 단서 제1호 본문 중 '국가공무원법 제2조 제2항 제2호에 규정된 교육공무원'에 관한 부분 및 제22조 제1항 단서 제2호 중 '사립학교의 교원'에 관한 부분, 국가공무원법 제65조 제1항 중 '국가공무원법 제2조 제2항 제2호에 규정된 교육공무원'에 관한 부분이 청구인들의 정당설립 및 가입의 자유 등을 침해한다고 주장하면서 2018. 5. 29. 이 사건 헌법소원심판을 청구하였다.

**판시사항**

가. 일부 청구인들의 심판청구는 청구기간을 도과하였다고 본 사례

나. 초·중등학교의 교육공무원이 정당의 발기인 및 당원이 될 수 없도록 규정한 정당법(2013. 12. 30. 법률 제12150호로 개정된 것) 제22조 제1항 단서 제1호 본문 중 국가공무원법 제2조 제2항 제2호의 교육공무원 가운데 초·중등교육법 제19조 제1항의 교원에 관한 부분(이하 '정당법조항'이라 한다) 및 초·중등학교의 교육공무원이 정당의 결성에 관여하거나 이에 가입하는 행위를 금지한 국가공무원법(2008. 3. 28. 법률 제8996호로 개정된 것) 제65조 제1항 중 '국가공무원법 제2조 제2항 제2호의 교육공무원 가운데 초·중등교육법 제19조 제1항의 교원은 정당의 결성에 관여하거나 이에 가입할 수 없다.' 부분(이하 "국가공무원법조항 중 '정당'에 관한 부분"이라 한다)이 나머지 청구인들의 정당가입의 자유 등을 침해하는지 여부(소극)

다. 초·중등학교의 교육공무원이 정치단체의 결성에 관여하거나 이에 가입하는 행위를 금지한 국가공무원법(2008. 3. 28. 법률 제8996호로 개정된 것) 제65조 제1항 중 '국가공무원법 제2조 제2항 제2호의 교육공무원 가운데 초·중등교육법 제19조 제1항의 교원은 그 밖의 정치단체의 결성에 관여하거나 이에 가입할 수 없다.' 부분(이하 "국가공무원법조항 중 '그 밖의 정치단체'에 관한 부분"이라 한다)이 나머지 청구인들의 정치적 표현의 자유 및 결사의 자유를 침해하는지 여부(적극)

**결정요지**

가. 청구인들 중 일부는 각 교사 임용일에 비추어 볼 때 심판대상조항의 적용을 받게 된 날로부터 1년이 경과한 후 이 사건 헌법소원심판을 청구하였으므로, 이들의 심판청구는 청구기간을 준수하지 못하여 부적법하다.

나. 헌법재판소는 2004. 3. 25. 2001헌마710 결정 및 2014. 3. 27. 2011헌바42 결정에서, 국가공무원이 정당의 발기인 및 당원이 될 수 없도록 규정한 구 정당법 및 구 국가공무원법 조항들이 헌법에 위반되지 않는다고 판단하였다. 그 요지는 '이 사건 정당가입 금지조항은 국가공무원이 정당에 가입하는 것을 금지함으로써 공무원이 국민 전체에 대한 봉사자로서 그 임무를 충실히 수행할 수 있도록 정치적 중립성을 보장하고, 초·중등학교 교원이 당파적 이해관계의 영향을 받지 않도록 교육의 중립성을 확보하기 위한 것이므로, 목적의 정당성 및 수단의 적합성이 인정된다. 공무원의 정치적 행위가 직무 내의 것인지 직무 외의 것인지 구분하기 어려운 경우가 많고, 공무원의 행위는 근무시간 내외를 불문하고 국민에게 중대한 영향을 미치므로, 직무 내의 정당 활동에 대한 규제만으로는 입법목적을 달성하기 어렵다.

또한 정당에 대한 지지를 선거와 무관하게 개인적인 자리에서 밝히거나 선거에서 투표를 하는 등 일정한 범위 내의 정당관련 활동은 공무원에게도 허용되므로 이 사건 정당가입 금지조항은 침해의 최소성 원칙에 반하지 않는다. 정치적 중립성, 초·중등학교 학생들에 대한 교육기본권 보장이라는 공익은 공무원들이 제한받는 사익에 비해 중대하므로 법익의 균형성 또한 인정된다. 따라서 이 사건 정당가입 금지조항은 과잉금지원칙에 위배되지 않는다. 이 사건 정당가입 금지조항이 초·중등학교 교원에 대해서는 정당가입의 자유를 금지하면서 대학의 교원에게 이를 허용한다 하더라도, 이는 기초적인 지식전달, 연구기능 등 양자 간 직무의 본질과 내용, 근무 태양이 다른 점을 고려한 합리적인 차별이므로 평등원칙에 위배되지 않는다.'는 것이다. 위 선례의 판단을 변경할 만한 사정 변경이나 필요성이 인정되지 않고 위 선례의 취지는 이 사건에서도 그대로 타당하므로, 위 선례의 견해를 그대로 유지하기로 한다.

다. **재판관 유남석, 재판관 이영진, 재판관 문형배의 위헌의견**
국가공무원법조항 중 '그 밖의 정치단체'에 관한 부분은, '그 밖의 정치단체'라는 불명확한 개념을 사용하고 있어, 표현의 자유를 규제하는 법률조항, 형벌의 구성요건을 규정하는 법률조항에 대하여 헌법이 요구하는 명확성원칙의 엄격한 기준을 충족하지 못하였다. 이에 대하여는, 아래 재판관 3인의 위헌의견 중 '명확성원칙 위배 여부' 부분과 의견을 모두 같이 한다. 덧붙여, 국가공무원법조항 중 '그 밖의 정치단체'에 관한 부분은 어떤 단체에 가입하는가에 관한 집단적 형태의 '표현의 내용'에 근거한 규제이므로, 더욱 규제되는 표현의 개념을 명확하게 규정할 것이 요구된다.

그럼에도 위 조항은 '그 밖의 정치단체'라는 불명확한 개념을 사용하여, 수범자에 대한 위축효과와 법 집행 공무원의 자의적 판단 위험을 야기하고 있다. 위 조항이 명확성원칙에 위배되어 나머지 청구인들의 정치적 표현의 자유, 결사의 자유를 침해하여 헌법에 위반되는 점이 분명한 이상, 과잉금지원칙에 위배되는지 여부에 대하여는 더 나아가 판단하지 않는다.

**재판관 이석태, 재판관 김기영, 재판관 이미선의 위헌의견**
국가공무원법조항 중 '그 밖의 정치단체'에 관한 부분은 형벌의 구성요건을 규정하는 법률조항이고,

나머지 청구인들의 정치적 표현의 자유 및 결사의 자유를 제한하므로, 엄격한 기준의 명확성원칙에 부합하여야 한다. 민주주의 국가에서 국가 구성원의 모든 사회적 활동은 '정치'와 관련된다. 특히 단체는 국가 정책에 찬성·반대하거나, 특정 정당이나 후보자의 주장과 우연히 일치하기만 하여도 정치적인 성격을 가진다고 볼 여지가 있다. 국가공무원법조항은 가입 등이 금지되는 대상을 '정당이나 그 밖의 정치단체'로 규정하고 있으므로, 문언상 '정당'에 준하는 정치단체만을 의미하는 것이라고 해석하기도 어렵다. 단체의 목적이나 활동에 관한 어떠한 제한도 없는 상태에서는 '정치단체'와 '비정치단체'를 구별할 수 있는 기준을 도출할 수 없다. 공무원의 정치적 중립성 및 교육의 정치적 중립성의 보장이라는 위 조항의 입법목적을 고려하더라도, '정치적 중립성' 자체가 다원적인 해석이 가능한 추상적인 개념이기 때문에, 이에 대하여 우리 사회의 구성원들이 일치된 이해를 가지고 있다고 보기 어렵다. 이는 판단주체가 법전문가라 하여도 마찬가지이다. 그렇다면 위 조항은 명확성원칙에 위배되어 나머지 청구인들의 정치적 표현의 자유 및 결사의 자유를 침해한다.

국가공무원법조항 중 '그 밖의 정치단체'에 관한 부분은 공무원의 정치적 중립성 및 교육의 정치적 중립성을 보장하기 위한 것이므로, 그 입법목적의 정당성이 인정된다. 그러나 위 조항은 위와 같은 입법목적과 아무런 관련이 없는 단체의 결성에 관여하거나 이에 가입하는 행위까지 금지한다는 점에서 수단의 적합성 및 침해의 최소성이 인정되지 않는다.

또한 위 조항은 국가공무원법 제2조 제2항 제2호의 교육공무원 가운데 초·중등교육법 제19조 제1항의 교원(이하 '교원'이라 한다)의 직무와 관련이 없거나 그 지위를 이용한 것으로 볼 수 없는 결성 관여행위 및 가입행위까지 전면적으로 금지한다는 점에서도 수단의 적합성 및 침해의 최소성을 인정할 수 없다. 공무원의 정치적 중립성은 국민 전체에 대한 봉사자의 지위에서 공직을 수행하는 영역에 한하여 요구되는 것이고, 교원으로부터 정치적으로 중립적인 교육을 받을 기회가 보장되는 이상, 교원이 기본권 주체로서 정치적 자유권을 행사한다고 하여 교육을 받을 권리가 침해된다거나 교육의 정치적 중립성이 훼손된다고 볼 수 없다. 교원이 사인의 지위에서 정치적 자유권을 행사하게 되면 직무수행에 있어서도 정치적 중립성을 훼손하게 된다는 논리적 혹은 경험적 근거는 존재하지 않는다. 공무원의 정치적 중립성 및 교육의 정치적 중립성에 대한 국민의 신뢰는 직무와 관련하여 또는 그 지위를 이용하여 정치적 중립성을 훼손하는 행위를 방지하기 위한 감시와 통제 장치를 마련함으로써 충분히 담보될 수 있다. 위 조항이 교원에 대하여 정치단체의 결성에 관여하거나 이에 가입하는 행위를 전면적으로 금지함으로써 달성할 수 있는 공무원의 정치적 중립성 및 교육의 정치적 중립성은 명백하거나 구체적이지 못한 반면, 그로 인하여 교원이 받게 되는 정치적 표현의 자유 및 결사의 자유에 대한 제약과 민주적 의사형성과정의 개방성과 이를 통한 민주주의의 발전이라는 공익에 발생하는 피해는 매우 크므로, 위 조항은 법익의 균형성도 갖추지 못하였다. 위 조항은 과잉금지원칙에 위배되어 나머지 청구인들의 정치적 표현의 자유 및 결사의 자유를 침해한다.

# 직사살수행위 위헌확인 등

헌재 2020. 4. 23. 2015헌마1149, 공보 제283호, 624 [인용(위헌확인), 각하]

**사건개요**

가. 청구인 백▽▽는 2015. 11. 14. 민중총궐기 집회(이하 '이 사건 집회'라 한다)에 참여하였다가, 종로구청입구 사거리에서 경찰관들이 직사살수한 물줄기에 머리 등 가슴 윗부분을 맞아 넘어지면서 상해를 입고 약 10개월 동안 의식불명 상태로 치료받다가 2016. 9. 25. 사망하였다. 피청구인들은 이 사건 집회 당시 위 경찰관들을 지휘한 서울지방경찰청장 및 서울지방경찰청 기동본부 제4기동단장이다.

나. 청구인 백▽▽의 배우자와 자녀들인 청구인 박○○, 백○○, 백□□, 백△△(이하 '기존 청구인들'이라 한다)은 2015. 12. 10. '위 직사살수행위는 청구인 백▽▽ 및 기존 청구인들의 생명권, 신체의 자유, 표현의 자유, 인격권, 행복추구권, 인간으로서의 존엄과 가치, 집회의 자유 등을 침해하여 헌법에 위반되고, '경찰관 직무집행법' 제10조 제4항, 제6항, '위해성 경찰장비의 사용기준 등에 관한 규정' 제13조 제1항, 경찰장비관리규칙 제97조 제2항, '살수차 운용지침' 제2장 중 직사살수에 관한 부분은 헌법에 위반된다.'라고 주장하면서, 위 직사살수행위 및 그 근거법령의 위헌확인을 구하는 이 사건 헌법소원심판을 청구하였다.

다. 기존 청구인들은 2015. 12. 18. 청구인 백▽▽를 청구인으로 추가해 달라는 취지의 청구인추가신청서를 제출하였다. 청구인들은 2016. 1. 7. 위 청구인추가신청이 민사소송법 제70조를 준용하여 청구인 백▽▽를 주위적 청구인으로, 기존 청구인들을 예비적 청구인으로 한 공동심판추가신청임을 밝히면서, '1. 위 직사살수행위는 주위적으로 청구인 백▽▽의 생명권 등을 침해하고, 예비적으로 기존 청구인들의 인격권 등을 침해한다. 2. '경찰관 직무집행법' 제10조 제4항, 제6항, '위해성 경찰장비의 사용기준 등에 관한 규정' 제13조 제1항, 경찰장비관리규칙 제97조 제2항, '살수차 운용지침' 제2장 중 직사살수에 관한 부분은 헌법에 위반된다.'로 청구취지를 변경하는 내용의 보정서를 제출하였다. 그 후 청구인 백○○는 2016. 4. 18. 청구인 백▽▽의 성년후견인으로 선임되었고(광주가정법원 순천지원 2016느단10002 심판), 2016. 8. 2. 청구인 백▽▽의 소송행위를 추인하는 취지의 준비서면을 제출하였다.

**판시사항**

가. 청구인 백▽▽의 청구인추가신청을 공동심판참가신청으로 선해한 사례

나. 피청구인들이 2015. 11. 14. 19:00경 종로구청입구 사거리에서 살수차를 이용하여 물줄기가 일직선 형태로 청구인 백▽▽에게 도달되도록 살수한 행위(이하 '이 사건 직사살수행위'라 한다)에 대한, 청구인 백▽▽의 배우자와 자녀들인 기존 청구인들의 심판청구에 관하여 기본권 침해의 자기관련성을 인정할 수 있는지 여부(소극)

다. 청구인들의 '경찰관 직무집행법'(2014. 5. 20. 법률 제12600호로 개정된 것) 제10조 제4항, 제6항, 구 '위해성 경찰장비의 사용기준 등에 관한 규정'(1999. 11. 27. 대통령령 제16601호로 제정되고, 2020. 1. 7. 대통령령 제30328호로 개정되기 전의 것) 제13조 제1항, 경찰장비관리규칙(2014. 4. 28. 경찰청훈령 제732호로 개정

된 것) 제97조 제2항, '살수차 운용지침'(2014. 4. 3.) 제2장 중 직사살수에 관한 부분(이하 위 조항들을 합하여 '이 사건 근거조항들'이라 한다)에 대한 심판청구에 관하여 기본권 침해의 직접성을 인정할 수 있는 지 여부(소극)

라. 청구인 백▽▽의 이 사건 직사살수행위에 대한 심판청구에 관하여 심판의 이익이 인정되고, 청구인 백▽▽의 사망에도 불구하고 예외적으로 심판절차가 종료된 것으로 볼 수 없다고 판단한 사례

마. **이 사건 직사살수행위가 청구인 백▽▽의 생명권 및 집회의 자유를 침해하는지 여부**(적극)

---

**결정요지**

가. 청구인 백▽▽의 신청취지 중 이 사건 근거조항들에 대한 헌법소원심판청구 부분은 기존 청구인들의 청구와 동일한 법령에 대한 헌법소원심판으로서 이 사건 근거조항들이 위헌으로 결정될 경우 그 효력이 상실되어 그 위헌결정의 효력이 청구인들 모두에게 미치게 되므로, 그 목적이 기존 청구인들과 청구인 백▽▽에게 합일적으로 확정되어야 할 경우에 해당한다. 청구인 백▽▽의 신청취지 중 이 사건 직사살수행위에 대한 헌법소원심판청구 부분은, ① 헌법소원심판청구서에서 이 사건 직사살수행위가 청구인 백▽▽의 기본권을 침해하여 헌법에 위반된다는 결정을 청구하고 있었던 점, ② 청구인 백▽▽는 이 사건 직사살수행위의 직접 상대방으로서 법적 관련성이 인정되는 점, ③ 참가신청의 적법 여부는 참가신청 당시를 기준으로 판단하는 점 등을 종합하면, 기존 청구인들의 청구와 동일한 공권력의 행사로 인하여 동일한 기본권을 침해받아 위헌임의 확인을 구하는 헌법소원심판으로서, 그 위헌확인결정은 모든 국가기관과 지방자치단체를 기속하므로 그 목적이 기존 청구인들과 청구인 백▽▽에게 합일적으로 확정되어야 할 경우에 해당한다. 그렇다면 청구인 백▽▽는 당초에 기존 청구인들이 그 침해를 주장한 기본권의 주체로서 계속 중인 심판에 공동청구인으로 참가할 것을 신청하였다고 볼 수 있고, 합일확정의 필요가 인정되므로, 청구인 백▽▽의 신청은 헌법재판소법 제40조 제1항 및 민사소송법 제83조 제1항에 의한 적법한 공동심판참가신청으로 선해한다.

나. 청구인 백▽▽의 배우자와 자녀들인 기존 청구인들은 이 사건 직사살수행위의 직접 상대방이 아닌 제3자에 해당한다. 따라서 기존 청구인들의 이 사건 직사살수행위에 대한 심판청구는 기본권 침해의 자기관련성을 인정할 수 없다.

다. 청구인들이 주장하는 기본권의 침해는 이 사건 근거조항들이 아니라 구체적 집행행위인 '직사살수행위'에 의하여 비로소 발생하는 것이다. 따라서 청구인들의 이 사건 근거조항들에 대한 심판청구는 기본권 침해의 직접성을 인정할 수 없다.

라. 이 사건 직사살수행위는 이미 종료되었고, 청구인 백▽▽는 2016. 9. 25. 사망하였으므로, 청구인 백▽▽의 이 사건 직사살수행위에 대한 심판청구는 주관적 권리보호이익이 소멸하였다. 그러나 직사살수행위는 사람의 생명이나 신체에 중대한 위험을 초래할 수 있는 공권력 행사에 해당하고, 헌법재판소는 직사살수행위가 헌법에 합치하는지 여부에 대한 해명을 한 바 없으므로, 심판의 이익을 인정할 수 있다.

　청구인 백▽▽가 침해받았다고 주장하는 기본권인 생명권, 집회의 자유 등은 일신전속적인 성질

을 가지므로 승계되거나 상속될 수 없어, 기본권의 주체가 사망한 경우 그 심판절차가 종료되는 것이 원칙이다. 그러나 이 부분 심판청구의 심판의 이익이 인정되고, 청구인 백▽▽는 이 사건 직사살수행위로 인하여 이 사건 심판절차의 계속 중 사망에 이르렀으므로, 이 부분 심판청구는 예외적으로 심판의 이익이 인정되어 종료된 것으로 볼 수 없다.

마. 이 사건 직사살수행위는 불법 집회로 인하여 발생할 수 있는 타인 또는 경찰관의 생명·신체의 위해와 재산·공공시설의 위험을 억제하기 위하여 이루어진 것이므로 그 **목적이 정당**하다.

이 사건 직사살수행위 당시 청구인 백▽▽는 살수를 피해 뒤로 물러난 시위대와 떨어져 홀로 경찰 기동 버스에 매여 있는 밧줄을 잡아당기고 있었다. 따라서 이 사건 직사살수행위 당시 억제할 필요성이 있는 생명·신체의 위해 또는 재산·공공시설의 위험 자체가 발생하였다고 보기 어려우므로, **수단의 적합성을 인정할 수 없다.**

　피청구인 서울지방경찰청장은 이 사건 집회 당시 경찰 인력, 장비 운용, 안전 관리 등을 총괄 지휘하였고, 피청구인 서울지방경찰청 기동본부 제4기동단장은 이 사건 집회 당시 종로구청입구 사거리의 경찰 인력, 장비 운용, 안전 관리를 총괄 지휘하였다. 살수차의 사용을 명령하는 지위에 있는 피청구인들로서는 우선 시위대의 규모, 시위 방법, 위험한 물건을 소지하고 있는지 여부, 경찰관과 물리적 충돌이 있는지 여부, 살수차의 위치 및 시위대와의 거리, 시위대에 이루어진 살수의 정도와 그로 인하여 부상자가 발생하였는지 여부 등 구체적인 현장 상황을 정확하게 파악하여야 한다. 다음으로, 위와 같은 사실관계를 기초로 하여 타인의 법익이나 공공의 안녕질서에 대한 직접적인 위험이 명백히 초래되었고, 다른 방법으로는 그 위험을 제거할 수 없는지 여부를 신중히 판단하여야 한다. 위와 같은 직사살수의 필요성이 인정된다면, 그 위험을 제거하기 위하여 필요한 최소한의 직사살수의 시기, 범위, 거리, 방향, 수압, 주의사항 등을 구체적으로 지시하여야 한다. 또한 현장 상황의 변경을 예의주시하여 직사살수의 필요성이 소멸하였거나 과잉 살수가 이루어지는 경우에는 즉시 살수의 중단, 물줄기의 방향 및 수압 변경, 안전 요원의 추가 배치 등을 지시할 의무가 있다. 앞서 본 바와 같이 청구인 백▽▽의 행위로 인하여 타인의 법익이나 공공의 안녕질서에 대한 직접적인 위험이 명백하게 초래되었다고 볼 수 없어 이 사건 직사살수행위의 필요성을 인정할 수 없다. 오히려 이 사건 집회 현장에서는 시위대의 가슴 윗부분을 겨냥한 직사살수가 지속적으로 이루어져 인명 피해의 발생이 우려되는 상황이었으므로, 피청구인들로서는 과잉 살수의 중단, 물줄기의 방향 및 수압 변경, 안전 요원의 추가 배치 등을 지시할 필요가 있었다. 한편 이 사건 당시 야간에 비가 오고 있었고, 이 사건 직사살수행위를 한 살수차는 추가로 긴급 투입되었기 때문에 살수요원들이 현장 상황을 제대로 파악할 겨를이 없었으며, 살수구 노즐을 조작하는 조이스틱의 고장으로 물줄기 이동을 위한 미세 조정이 어려웠고, 살수압 제한 장치의 고장으로 물살세기 조절도 쉽지 않은 상황이었다. 그럼에도 불구하고 피청구인들은 현장 상황을 제대로 확인하지 않은 채, 위 살수차를 배치한 후 단순히 시위대를 향하여 살수하도록 지시하였다. 그 결과 청구인 백▽▽의 머리와 가슴 윗부분을 향해 약 13초 동안 강한 물살세기로 직사살수가 계속되었다. 이로 인하여 청구인 백▽▽는 상해를 입고 약 10개월 동안 의식불명 상태로 치료받다가 2016. 9. 25. 사망하였다. **그러므로 이 사건 직사살수행위는 침해의 최소성에 반한다.**

이 사건 직사살수행위를 통하여 청구인 백▽▽가 홀로 경찰 기동버스에 매여 있는 밧줄을 잡아당기는 행위를 억제함으로써 얻을 수 있는 공익은 거의 없거나 미약하였던 반면, 청구인 백▽▽는 이 사건 직사살수행위로 인하여 사망에 이르렀으므로, 이 사건 직사살수행위는 법익의 균형성도 충족하지 못하였다.

그러므로 이 사건 직사살수행위는 과잉금지원칙에 반하여 청구인 백▽▽의 생명권 및 집회의 자유를 침해하였다.

## 신용협동조합법 제27조의2 제2항 등 위헌소원

헌재 2020. 6. 25. 2018헌바278, 공보 제285호, 985 [위헌, 합헌]

**사건개요**

청구인은 2016. 2. 27. 실시한 대전 ○○ 신용협동조합 이사장 선거에 출마하여 당선된 사람이다. 청구인은 2016. 1. 21. 13:30경 조합원 3명이 모인 대전 ○○ 신용협동조합 건물 2층 하모니카 강습장에서 이사장 선거에 대한 지지를 호소하여 선거운동을 할 수 없는 기간에 신용협동조합법에서 규정하고 있지 아니한 방법으로 선거운동을 하였다는 이유로 2017. 1. 11. 벌금 30만 원을 선고받았다(대전지방법원 2016고단2636).

청구인은 항소하였고(대전지방법원 2017노165, 이하 '당해사건'이라 한다), 당해사건 계속 중에 신용협동조합법 제27조의2 제2항 내지 제4항은 헌법에 위반되고, 형법 제59조 제1항 단서의 '전과'에 '형의 실효 등에 관한 법률' 제7조에 따라 실효된 전과를 포함하여 해석하는 한 헌법에 위반된다고 주장하며 위헌법률심판제청신청을 하였다. 법원은 2018. 6. 21. 당해사건을 기각하고, 형법 제59조 제1항 단서에 대한 위헌법률심판제청신청을 각하하였으며, 신용협동조합법 제27조의2 제2항 내지 제4항에 대한 위헌법률심판제청신청을 기각하였다(대전지방법원 2018초기303). 이에 청구인은 2018. 7. 20. 이 사건 헌법소원심판을 청구하였다.

한편, 청구인은 당해사건을 상고하였으나 대법원은 2018. 11. 29. 상고를 기각하여(2018도10814) 벌금형이 확정되었다.

**판시사항**

가. 임원의 선거운동 기간과 방법에 관하여 정하는 신용협동조합법(2015. 1. 20. 법률 제13067호로 개정된 것) 제27조의2 제2항 내지 제4항의 내용이 불가분적으로 결합되어 있어 재판의 전제성을 인정할 수 있는지 여부(적극)

나. 임원의 선거운동 기간 및 선거운동에 필요한 사항을 정관에서 정할 수 있도록 규정한 신용협동조합법(2015. 1. 20. 법률 제13067호로 개정된 것) 제27조의2 제2항 내지 제4항이 죄형법정주의에 위반되는지 여부(적극)

다. 자격정지 이상의 형을 받은 전과가 있는 자에 대하여 선고유예를 할 수 없도록 규정한 형법(1953. 9. 18. 법률 제293호로 제정된 것) 제59조 제1항 단서가 평등권 및 재판을 받을 권리를 침해하는지 여부 (소극)

**결정요지**

가. 신용협동조합법 제27조의2 제2항은 허용되는 선거운동 방법에 관하여 정하면서 제3항에서는 선거 운동의 기간에 관하여, 제4항에서는 선거운동의 구체적인 방법 등에 관하여 각 정관에 위임하고 있다. 위 조항들은 모두 선거운동에 관한 기간과 방법 등에 있어 불가분적으로 결합되어 있다고 볼 수 있으므로, 신용협동조합법 제27조의2 제2항 내지 제4항이 헌법에 위반되는지 여부에 따라 당해사건 판결의 주문이 달라질 가능성이 있다.

나. 신용협동조합법 제27조의2 제2항 내지 제4항은 구체적으로 허용되는 선거운동의 기간 및 방법을 시행령이나 시행규칙이 아닌 정관에 맡기고 있어 정관으로 정하기만 하면 임원 선거운동의 기간 및 방법에 관한 추가적인 규제를 설정할 수 있도록 열어 두고 있다. 이는 범죄와 형벌은 입법부가 제정한 형식적 의미의 법률로 정하여야 한다는 죄형법정주의를 위반한 것이므로 헌법에 위반된다.

다. 형의 실효제도는 형의 선고에 기한 법적 효과를 장래에 향하여 소멸시키는 것에 불과하고 초범자와 동일한 취급을 보장하기 위한 것은 아니므로 자격정지 이상의 전과의 실효 여부를 불문하고 이를 선고유예 결격사유로 정한 것은 불합리한 차별이라고 볼 수 없다. 법질서 경시풍조를 방지하기 위하여 자격정지 이상의 형을 받은 전과자에 한하여 선고유예의 결격자로 정한 것은 과잉금지원칙에 위배된다고 볼 수도 없다.

# 구 도로교통법 제93조 제1항 제8호 위헌제청

헌재 2020. 6. 25. 2019헌가9 등, 공보 제285호, 968 [위헌]

**사건개요**

제청신청인 남○○는 운전면허 중 제1종 보통면허 및 제1종 대형면허를 보유한 상태에서, 자동차운전전문학원에 학원생으로 등록만 하고 교육 및 기능검정을 받지 않았음에도 학원 학감을 통하여 학사관리 프로그램에 허위 정보를 입력함으로써 2016. 8. 9. 전라남도지방경찰청장으로부터 제1종 특수면허(대형견인차)를 취득하였다.

전라남도지방경찰청장이 2017. 12. 5. 위 사실을 이유로 제1종 특수면허(대형견인차)뿐만 아니라 제1종 보통면허, 제1종 대형면허까지 취소하는 처분을 하자, 위 제청신청인은 위 처분의 취소를 구하는 소를 제기하고(광주지방법원 2018구단10791) 당해 사건 계속 중 구 도로교통법 제93조 제1항 제8호 가운데 '거짓이나 그 밖의 부정한 수단으로 운전면허를 받은 경우' 부분에 대하여 위헌법률심판제청신청(광주지방법원 2019아5047)을 하였다. 제청법원은 2019. 3. 14. 이를 받아들여 위헌법률심판제청을 하였다.

거짓이나 그 밖의 부정한 수단으로 운전면허를 받은 경우 모든 범위의 운전면허를 필요적으로 취소하도록 한 구 도로교통법(2016. 1. 27. 법률 제13829호로 개정되고, 2017. 7. 26. 법률 제14839호로 개정되기 전의 것) 제93조 제1항 단서, 구 도로교통법(2017. 7. 26. 법률 제14839호로 개정되고, 2018. 3. 27. 법률 제15530호로 개정되기 전의 것) 제93조 제1항 단서, 도로교통법(2018. 3. 27. 법률 제15530호로 개정된 것) 제93조 제1항 단서 중 각 제8호의 '거짓이나 그 밖의 부정한 수단으로 운전면허를 받은 경우'에 관한 부분(이하 위 세 조항을 합하여 '심판대상조항'이라 한다)이 **일반적 행동의 자유 또는 직업의 자유를 침해하는지 여부**(일부 적극)

심판대상조항은 운전면허제도의 근간을 유지하는 한편, 교통상의 위험과 장해를 방지하고자 하는 것이므로 그 **입법목적이 정당**하고, 이를 위해 모든 범위의 운전면허를 필요적으로 취소하도록 하는 것은, **수단의 적합성도 인정**된다.

심판대상조항이 ['부정 취득한 운전면허']를 필요적으로 취소하도록 한 것은, 임의적 취소·정지의 대상으로 전환할 경우 면허제도의 근간이 흔들리게 되고 형사처벌 등 다른 제재수단만으로는 여전히 부정 취득한 운전면허로 자동차 운행이 가능하다는 점에서, **피해의 최소성 원칙에 위배되지 않는다**. 또한 부정 취득한 운전면허는 그 요건이 처음부터 갖추어지지 못한 것으로서 해당 면허를 박탈하더라도 기본권이 추가적으로 제한된다고 보기 어려워, **법익의 균형성 원칙에도 위배되지 않는다**.

**반면**, 심판대상조항이 ['부정 취득하지 않은 운전면허']까지 필요적으로 취소하도록 한 것은, 임의적 취소·정지 사유로 함으로써 구체적 사안의 개별성과 특수성을 고려하여 불법의 정도에 상응하는 제재수단을 선택하도록 하는 등 완화된 수단에 의해서도 입법목적을 같은 정도로 달성하기에 충분하므로, **피해의 최소성 원칙에 위배**된다. 나아가, 위법이나 비난의 정도가 미약한 사안을 포함한 모든 경우에 부정 취득하지 않은 운전면허까지 필요적으로 취소하고 이로 인해 2년 동안 해당 운전면허 역시 받을 수 없게 하는 것은, 공익의 중대성을 감안하더라도 지나치게 기본권을 제한하는 것이므로, **법익의 균형성 원칙에도 위배**된다. 따라서 심판대상조항 중 각 '**거짓이나 그 밖의 부정한 수단으로 받은 운전면허를 제외한 운전면허**'를 필요적으로 취소하도록 한 부분은, **과잉금지원칙에 반하여 일반적 행동의 자유 또는 직업의 자유를 침해**한다.

# 2017헌가35 등
# 의료기기법 제24조 제2항 제6호 등 위헌제청
## (의료기기법상 의료기기 광고에 대한 사전심의 조항에 관한 위헌제청 사건)
종국일자 2020. 8. 28  종국결과 위헌

**사건개요**

2017헌가35

제청신청인 주식회사 ○○(이하 '제청신청인 ○○'이라 한다)은 의료기기판매업을 하는 회사로서 위 제청신청인이 판매하는 의료기기인 '△△'에 관하여 블로그에 광고를 하였는데, 전주시장으로부터 위 제청신청인이 '의료기기 광고 심의를 받지 않거나 심의받은 내용과 다른 내용의 광고'를 함으로써 의료기기법 제24조 제2항 제6호를 위반하였다는 이유로 2017. 1. 16. 의료기기판매업무정지 3일의 처분(이하 '이 사건 업무정지처분'이라 한다)을 받았다.

이에 제청신청인 ○○은 2017. 2. 1. 이 사건 업무정지처분의 취소를 구하는 행정소송을 제기하고(전주지방법원 2017구합425), 당해사건 계속 중 의료기기법 제24조 제2항 제6호 및 같은 법 제36조 제1항 제14호 중 '제24조 제2항 제6호를 위반하여 의료기기를 광고한 경우' 부분에 대하여 위헌법률심판제청신청을 하였다(전주지방법원 2017아152). 제청법원 전주지방법원은 2017. 12. 12. 이를 받아들여 위헌법률심판제청을 하였다.

**판시사항**

의료기기와 관련하여 심의를 받지 아니하거나 심의받은 내용과 다른 내용의 광고를 하는 것을 금지하고 이를 위반한 경우 행정제재와 형벌을 부과하도록 한 의료기기법 제24조 제2항 제6호 및 구 의료기기법 제36조 제1항 제14호 중 '제24조 제2항 제6호를 위반하여 의료기기를 광고한 경우' 부분, 구 의료기기법 제52조 제1항 제1호 중 '제24조 제2항 제6호를 위반한 자' 부분(이하 위 조항들을 합하여 '심판대상 조항'이라 한다)이 사전검열금지원칙에 위반되는지 여부(적극)

**결정요지**

현행 헌법상 사전검열은 표현의 자유 보호대상이면 예외 없이 금지된다.

의료기기에 대한 광고는 의료기기의 성능이나 효능 및 효과 또는 그 원리 등에 관한 정보를 널리 알려 해당 의료기기의 소비를 촉진시키기 위한 상업광고로서 헌법 제21조 제1항의 표현의 자유의 보호대상이 됨과 동시에 같은 조 제2항의 사전검열금지원칙의 적용대상이 된다.

광고의 심의기관이 행정기관인지 여부는 기관의 형식에 의하기보다는 그 실질에 따라 판단되어야 하고, 행정기관의 자의로 민간심의기구의 심의업무에 개입할 가능성이 열려 있다면 개입 가능성의 존재 자체로 헌법이 금지하는 사전검열이라고 보아야 한다.

의료기기법상 의료기기 광고의 심의는 식약처장으로부터 위탁받은 한국의료기기산업협회가 수행하고 있지만, 법상 심의주체는 행정기관인 식약처장이고, 식약처장이 언제든지 그 위탁을 철회할 수 있으며, 심의위원회의 구성에 관하여도 식약처고시를 통해 행정권이 개입하고 지속적으로 영향을 미칠 가능성이 존재하는 이상 그 구성에 자율성이 보장되어 있다고 보기 어렵다. 식약처장이 심의기준 등의 개정을 통해 심의 내용 및 절차에 영향을 줄 수 있고, 심의기관의 장이 매 심의결과를 식약처장에게 보고하여야 하며, 식약처장이 재심의를 요청하면 심의기관은 특별한 사정이 없는 한 이에 따라야 한다는 점에서도 그 심의업무 처리에 있어 독립성 및 자율성이 보장되어 있다고 보기 어렵다.

따라서 이 사건 의료기기 광고 사전심의는 행정권이 주체가 된 사전심사로서 헌법이 금지하는 사전검열에 해당하고, 이러한 사전심의제도를 구성하는 심판대상조항은 헌법 제21조 제2항의 사전검열금지원칙에 위반된다.

# 2018헌마927

## 입법부작위 위헌확인

### (가족관계의 등록 등에 관한 법률 제14조 제1항 본문 부진정입법부작위 위헌확인 사건)

종국일자 2020. 8. 28  종국결과 헌법불합치

**사건개요**

가. 청구인은 (연월일 생략) 배우자 □□□의 가정폭력 때문에 이혼하고, 아들 △△△의 친권자 및 양육자로 지정되어 현재 △△△을 양육하고 있는 사람이다.

나. □□□은 (연월일 생략) 청구인의 아버지를 찾아가 폭행과 상해를 가하고, ○○법원으로부터 (연월일 생략) 청구인에 대한 접근금지 및 전기통신을 이용한 접근금지처분을 (연월일 생략)까지 연장하는 결정을 받았으며(사건번호 생략), (연월일 생략)부터 (연월일 생략)까지 청구인에 대한 100미터 이내의 접근금지 및 통신수단을 이용한 일체의 접근을 금지하는 피해자보호명령을 받았다(사건번호 생략). 그럼에도 □□□은 계속해서 청구인의 휴대전화로 전화를 걸거나, 청구인을 협박하는 내용의 문자메시지를 수차례 보내는 등 법원의 피해자보호명령을 위반하였고, 이로 인하여 (연월일 생략) 가정폭력범죄의처벌등에관한특례법위반 등으로 징역 (기간 생략) 및 벌금 (금액 생략)에 처하는 판결을 받았다(사건번호 생략).

다. 청구인은, 가정폭력 가해자인 전 남편이 이혼 후에도 가정폭력 피해자인 청구인을 찾아가 추가 가해를 행사하려는 데 필요한 청구인의 개인정보를 무단으로 취득할 목적으로 그 자녀의 가족관계증명서 및 기본증명서의 교부를 청구하는 것이 분명한 경우에도 이를 제한하는 규정을 제정하지 아니한 '가족관계의 등록 등에 관한 법률'의 입법부작위가 청구인의 개인정보자기결정권을 침해한다는 취지의 주장을 하면서, 2018. 9. 11. 입법부작위의 위헌확인을 구하는 이 사건 헌법소원심판을 청구하였다.

**판시사항**

가. '가족관계의 등록 등에 관한 법률' 제14조 제1항 본문 중 '직계혈족이 제15조에 규정된 증명서 가운데 가족관계증명서 및 기본증명서의 교부를 청구'하는 부분(이하 '이 사건 법률조항'이라 한다)이 불완전·불충분하게 규정되어 있어 가정폭력 피해자의 개인정보를 보호하기 위한 구체적 방안을 마련하지 아니한 것이 청구인의 개인정보자기결정권을 침해하는지 여부(적극)

나. 위헌결정이 초래하는 법적 공백을 이유로 헌법불합치결정을 선고한 사례

**결정요지**

가. 이 사건 법률조항은 가정폭력 가해자에 대한 별도의 제한 없이 직계혈족이기만 하면 사실상 자유롭게 그 자녀의 가족관계증명서와 기본증명서의 교부를 청구하여 발급받을 수 있도록 함으로써, 그로 인하여 가정폭력 피해자인 청구인의 개인정보가 가정폭력 가해자인 전 배우자에게 무단으로 유출될 수 있는 가능성을 열어놓고 있다. 따라서 과잉금지원칙에 위배되어 청구인의 개인정보자기결정권을 침해한다.

나. 이 사건 법률조항에 대하여 단순위헌결정을 하여 즉시 효력을 상실시킨다면 법적 공백상태가 발생할 우려가 있으므로, 헌법불합치결정을 선고하고, 2021. 12. 31.을 시한으로 입법자의 개선입법이 있을 때까지 잠정적용을 명하기로 한다.

# 2017헌바157 등
# 군인사법 제57조 제2항 제2호 위헌소원 (영창사건)

종국일자 2020. 9. 24 종국결과 위헌

**사건개요**

2017헌바157

청구인은 육군 제○○사단 ○○여단 ○○대대 ○○중대에서 병포수로 근무하던 사람으로, 2016. 7. 28. 육군 제○○사단 ○○여단 ○○대대 ○○중대장으로부터 성실의무 위반 등을 이유로 영창 7일의 징계처분을 받고, 육군 제○○사단장에게 항고하였으나 2016. 9. 13. 기각되었다.

이에 청구인은 위 징계처분의 취소를 구하는 소를 제기하고(수원지방법원 2016구합67326) 위 재판 계속 중 군인사법 제57조 제2항 본문 및 제2호에 대하여 위헌법률심판제청을 신청하였으나(수원지방법원 2016아3856) 2017. 2. 8. 모두 기각되자, 2017. 3. 13. 이 사건 헌법소원심판을 청구하였다.

**판시사항**

병(兵)에 대한 징계처분으로 일정기간 부대나 함정(艦艇) 내의 영창, 그 밖의 **구금장소에 감금하는 영창처분이 가능하도록 규정한** 구 군인사법 제57조 제2항 중 **'영창'**에 관한 부분(이하 '심판대상조항'이라 한다)이 헌법에 위반되는지 여부(적극)

**결정요지**

심판대상조항은 병의 복무규율 준수를 강화하고, 복무기강을 엄정히 하기 위하여 제정된 것으로 군의 지휘명령체계의 확립과 전투력 제고를 목적으로 하는바, 그 **입법목적은 정당**하고, 심판대상조항은 병에 대하여 강력한 위하력을 발휘하므로 **수단의 적합성도 인정**된다.

**심판대상조항에 의한 영창처분은 징계처분임에도 불구하고 신분상 불이익 외에 신체의 자유를 박탈하는 것까지 그 내용으로 삼고 있어 징계의 한계를 초과**한 점, 심판대상조항에 의한 영창처분은 그 실질이 구류형의 집행과 유사하게 운영되므로 극히 제한된 범위에서 형사상 절차에 준하는 방식으로 이루어져야 하는데, 영창처분이 가능한 징계사유는 지나치게 포괄적이고 기준이 불명확하여 영창처분의 보충성이 담보되고 있지 아니한 점, 심판대상조항은 징계위원회의 심의·의결과 인권담당 군법무관의 적법성 심사를 거치지만, 모두 징계권자의 부대 또는 기관에 설치되거나 소속된 것으로 형사절차에 견줄만한 중립적이고 객관적인 절차라고 보기 어려운 점, 심판대상조항으로 달성하고자 하는 목적은 인신구금과 같이 징계를 중하게 하는 것으로 달성되는 데 한계가 있고, 병의 비위행위를 개선하고 행동을 교정할 수 있도록 적절한 교육과 훈련을 제공하는 것 등으로 가능한 점, 이와 같은 점은 일본, 독일, 미국 등 외국의 입법례를 살펴보더라도 그러한 점 등에 비추어 **심판대상조항은 침해의 최소성 원칙에 어긋난다.**

군대 내 지휘명령체계를 확립하고 전투력을 제고한다는 공익은 매우 중요한 공익이나, 심판대상조항으로 과도하게 제한되는 병의 신체의 자유가 위 공익에 비하여 결코 가볍다고 볼 수 없어, 심판대상조항은 법익의 균형성 요건도 충족하지 못한다. 이와 같은 점을 종합할 때, **심판대상조항은 과잉금지원칙에 위배**된다.

# 2018헌가15 등

# 공직선거법 제57조 제1항 제1호 다목 위헌제청

**(지방자치단체의 장 선거의 예비후보자에 대한 기탁금 반환 사유에 관한 구 공직선거법 조항에 관한 위헌제청 사건)**

종국일자 2020. 9. 24  종국결과  헌법불합치

## 사건개요

2018헌가15

　제청신청인은 2014. 6. 4. 실시된 제6회 전국동시지방선거에서 ○○지사 예비후보자로 등록할 때 공직선거법 제60조의2 제2항에 따라 예비후보자 기탁금 1,000만 원을 관할 선거관리위원회에 납부하였다. 제청신청인은 ○○당의 후보자가 되기 위하여 공천신청을 하였으나 공천심사에서 탈락한 후 위 선거에 후보자등록을 하지 않았고, 관할 선거관리위원회는 제청신청인에게 납부한 기탁금이 국가에 귀속된다는 통지를 하였다.

　이에 제청신청인은 2018. 2. 14. 대한민국을 상대로 기탁금 반환소송을 제기하면서(서울중앙지방법원 2018가소1357563), 지방자치단체의 장선거 예비후보자가 정당의 공천심사에서 탈락한 후 후보자등록을 하지 않은 경우를 기탁금 반환 사유로 규정하지 않은 구 공직선거법(2010. 1. 25. 법률 제9974호로 개정되고, 2020. 3. 25. 법률 제17127호로 개정되기 전의 것) 제57조 제1항 중 제1호 다목의 '지방자치단체의 장선거'에 관한 부분에 대하여 위헌법률심판제청신청을 하였고, 제청법원은 2018. 7. 23. 위 제청신청을 받아들여 이 사건 위헌법률심판제청을 하였다(서울중앙지방법원 2018카기50444).

## 판시사항

가. 지방자치단체의 장 선거 예비후보자가 정당의 공천심사에서 탈락한 후 후보자등록을 하지 않은 경우를 기탁금 반환 사유로 규정하지 않은 구 공직선거법 제57조 제1항 중 제1호 다목의 '지방자치단체의 장 선거'에 관한 부분(이하 '심판대상조항'이라 한다)이 과잉금지원칙에 위배되는지 여부(적극)

나. 심판대상조항에 대하여 헌법불합치결정을 선고한 사례

## 결정요지

가. 헌법재판소는 2018. 1. 25. 2016헌마541 결정에서 지역구국회의원선거 예비후보자가 정당의 공천심사에서 탈락한 후 후보자등록을 하지 않은 경우를 기탁금 반환 사유로 규정하지 않은 구 공직선거법 제57조 제1항 제1호 다목 중 '지역구국회의원선거'와 관련된 부분이 과잉금지원칙에 반하여 예비후보자의 재산권을 침해한다고 보아 헌법불합치결정을 하였다.

　지역구국회의원선거와 지방자치단체의 장 선거는 헌법상 선거제도 규정 방식이나 선거대상의 지위와 성격, 기관의 직무 및 기능, 선거구 수 등에 있어 차이가 있을 뿐, 예비후보자의 무분별한 난립

을 막고 책임성을 강화하며 그 성실성을 담보하고자 하는 기탁금제도의 취지 측면에서는 동일하므로, 헌법재판소의 2016헌마541 결정에서의 판단은 이 사건에서도 타당하고, 그 견해를 변경할 사정이 있다고 보기 어려우므로, **지방자치단체의 장 선거에 있어 정당의 공천심사에서 탈락한 후 후보자등록을 하지 않은 경우를 기탁금 반환 사유로 규정하지 않은 심판대상조항은 과잉금지원칙에 반하여 헌법에 위반된다.**

나. 만약 심판대상조항에 대해 단순위헌결정을 하여 즉시 효력을 상실시킨다면, 개정법 시행 전의 지방자치단체의 장선거에 있어서는 예비후보자의 기탁금 납입조항(공직선거법 제60조의2 제2항 후단)은 효력을 그대로 유지한 채 기탁금 반환의 근거규정만 사라지게 되어 법적 공백이 발생할 우려가 있다. 또한 2020. 3. 25. 법률 제17127호로 개정된 공직선거법 제57조 제1항 제1호 다목에서 정당의 공천심사에서 탈락한 후 후보자등록을 하지 않은 경우에도 기탁금을 반환받을 수 있도록 한 점과 제청신청인들의 구제 필요성 등을 고려할 때 심판대상조항에 대하여 단순위헌결정을 하는 대신 헌법불합치결정을 선고한다.

# 2016헌마889

# 국적법 제12조 제2항 본문 등 위헌 확인

## (병역준비역에 편입된 복수국적자 국적이탈 제한 사건)

종국일자 2020. 9. 24 종국결과 **헌법불합치**, 기각

**사건개요**

청구인은 1999. 5. 15. 미합중국(이하 '미국'이라 한다)에서 미국 국적의 부와 대한민국 국적의 모 사이에서 출생하였다. 청구인은 국적법 제2조 제1항 제1호의 '**출생한 당시에 모가 대한민국의 국민인 자**'로서 출생과 동시에 대한민국 국적을 취득하고, **미국 영토 내에서 태어나 출생과 동시에 미국 국적도 취득하여, 출생 시부터 대한민국과 미국의 국적을 모두 가진 복수국적자**이다.

국적법 제12조 제2항 본문은 '병역법 제8조에 따라 병역준비역에 편입된 자는 편입된 때부터 3개월 이내에 하나의 국적을 선택하거나 제3항 각 호의 어느 하나에 해당하는 때부터 2년 이내에 하나의 국적을 선택하여야 한다.'라고 규정하여, **병역준비역에 편입된 자의 국적선택 기간을 제한**하고 있다.

또한, 국적법 제14조 제1항 단서에 의하면, 제12조 제2항 본문에 해당하는 사람의 경우 위 국적을 선택할 수 있는 기간 이내에 법무부장관에게 대한민국 국적으로부터 이탈한다는 뜻을 신고할 수 있고, 그 기간을 경과하면 병역의무가 해소되기 전에는 국적이탈 신고를 할 수 없다. 청구인은 대한민국 국민인 남성으로서 병역법상 만 18세가 되는 해인 2017. 1. 1.로부터 3개월 이내인 2017. 3. 31.까지 원칙적으로 어느 하나의 국적을 선택할 의무가 있고, 이 기간이 지나면 병역의무가 해소되기 전에는 국적이탈 신고를 할 수 없다.

한편, 국적법 시행규칙 제12조 제2항 제1호는 국적이탈 신고자가 '국적이탈 신고서'를 제출하면서 '가족관계기록사항에 관한 증명서'를 첨부하도록 규정한다.

이와 관련하여 실무상 법무부장관은 '가족관계의 등록 등에 관한 법률'에 따른 신고자 본인의 기본증명서와 가족관계증명서, 부와 모의 기본증명서 등을 제출하도록 하고 있다. 이들 서류는 출생신고 등을 통하여 가족관계등록부가 작성된 사람에 대하여 발급될 수 있으므로, 국적이탈 신고를 하려면 그에 앞서 출생신고 등을 하여 가족관계등록부가 작성되어 있어야 한다. 청구인의 경우 출생과 동시에 대한민국 국적을 취득하였으나 대한민국에 출생신고조차 되어 있지 않다.

청구인은 대한민국 국적에서 이탈하려 하는데, 위 국적법 시행규칙조항에 의하여 국적이탈 신고를 하기 위해서는 우선 출생신고를 하여야 하고, 위 국적법 조항들에 의하여 2017. 3. 31.이 지나면 병역의무가 해소되지 않는 이상 국적이탈이 제한되는바, 이들 규정이 자신의 기본권을 침해한다고 주장하면서, 2016. 10. 13. 이 사건 헌법소원심판을 청구하였다.

| 판시사항 | |
|---|---|

가. 국적법 제12조 제2항 본문, 국적법 제14조 제1항 단서 중 제12조 제2항 본문에 관한 부분(이하 이들 조항을 합하여 '심판대상 법률조항'이라 한다)이 청구인의 국적이탈의 자유를 침해하는지 여부(적극)

나. 국적법 시행규칙 제12조 제2항 제1호(이하 '심판대상 시행규칙조항'이라 하고, 위 심판대상 법률조항과 이를 합하여 '심판대상조항'이라 한다)가 명확성원칙에 위배되는지 여부(소극) 및 청구인의 국적이탈의 자유를 침해하는지 여부(소극)

다. 심판대상 법률조항에 대하여 헌법불합치 결정을 선고한 사례

라. 심판대상 법률조항과 동일한 내용의 국적법 조항들이 헌법에 위반되지 않는다는 취지로 판시한 선례를 변경한 사례

| 결정요지 | |
|---|---|

가. 심판대상 법률조항의 입법목적은 병역준비역에 편입된 사람이 병역의무를 면탈하기 위한 수단으로 국적을 이탈하는 것을 제한하여 병역의무 이행의 공평을 확보하려는 것이다. 복수국적자의 주된 생활근거지나 대한민국에서의 체류 또는 거주 경험 등 구체적 사정에 따라서는 사회통념상 심판대상 법률조항이 정하는 기간 내에 국적이탈 신고를 할 것으로 기대하기 어려운 사유가 인정될 여지가 있다.

주무관청이 구체적 심사를 통하여, 주된 생활근거를 국내에 두고 상당한 기간 대한민국 국적자로서의 혜택을 누리다가 병역의무를 이행하여야 할 시기에 근접하여 국적을 이탈하려는 복수국적자를 배제하고 병역의무 이행의 공평성이 훼손되지 않는다고 볼 수 있는 경우에만 예외적으로 국적선택 기간이 경과한 후에도 국적이탈을 허가하는 방식으로 제도를 운용한다면, 병역의무 이행의 공평성이 훼손될 수 있다는 우려는 불식될 수 있다.

병역준비역에 편입된 복수국적자의 국적선택 기간이 지났다고 하더라도, 그 기간 내에 국적이탈

신고를 하지 못한 데 대하여 사회통념상 그에게 책임을 묻기 어려운 사정 즉, 정당한 사유가 존재하고, 병역의무 이행의 공평성 확보라는 입법목적을 훼손하지 않음이 객관적으로 인정되는 경우라면, 병역준비역에 편입된 복수국적자에게 국적선택 기간이 경과하였다고 하여 일률적으로 국적이탈을 할 수 없다고 할 것이 아니라, 예외적으로 국적이탈을 허가하는 방안을 마련할 여지가 있다.

심판대상 법률조항의 존재로 인하여 복수국적을 유지하게 됨으로써 대상자가 겪어야 하는 실질적 불이익은 구체적 사정에 따라 상당히 클 수 있다.

국가에 따라서는 복수국적자가 공직 또는 국가안보와 직결되는 업무나 다른 국적국과 이익충돌 여지가 있는 업무를 담당하는 것이 제한될 가능성이 있다. 현실적으로 이러한 제한이 존재하는 경우, 특정 직업의 선택이나 업무 담당이 제한되는 데 따르는 사익 침해를 가볍게 볼 수 없다. 심판대상 법률조항은 과잉금지원칙에 위배되어 청구인의 국적이탈의 자유를 침해한다.

나. 심판대상 시행규칙조항은 국적이탈 신고자에게 신고서에 '가족관계기록사항에 관한 증명서'를 첨부하여 제출하도록 규정하는바, 실무상 국적이탈 신고자는 가족관계등록법에 따른 국적이탈자 본인의 기본증명서와 가족관계증명서, 부와 모의 기본증명서, 대한민국 국적의 부와 외국국적의 모 사이에서 출생한 경우에는 부의 혼인관계증명서 등(이하 '기본증명서 등'이라 한다)을 제출해야 한다.

국적이탈 신고자의 대한민국 국적 및 다른 국적 취득 경위, 성별, 부모의 국적 등 그 신고 당시의 구체적 사정이 다양하므로 시행규칙에서 첨부서류의 명칭을 직접 규정하는 것이 적절하지 않을 수 있고, 첨부할 서류의 내용이나 증명 취지를 고려하여 지금과 같이 표현하는 것 외에 다른 방법을 상정하기 어려우므로, 심판대상 시행규칙조항은 명확성원칙에 위배되지 않는다.

기본증명서 등은 신고자 본인을 특정하고 국적이탈의 전제가 되는 대한민국 국적보유 사실 등을 확인하는 데 필요한 자료이다. 법무부장관으로서는 국적이탈 요건 충족 여부를 정확히 판단하기 위하여 신고자에게 정형화되고 신뢰성이 높은 문서를 제출하도록 할 수밖에 없는바, 가족관계등록법상 기본증명서 등은 그러한 정보가 기재된 대한민국의 공문서로서, 법무부장관이 요건 충족 여부를 판단하는 데 필요한 정보를 충분히 담고 있으면서 또한 신뢰성이 확보되는 다른 유형의 서류를 상정하기 어렵다. 출생신고는 출생자의 부 또는 모가 부담하는 가족관계등록법상 의무이며, 국적이탈 신고 시에 비로소 출생신고를 하여야 하는 부담은 청구인의 부 또는 모가 가족관계등록법에 따른 출생신고 의무를 이행하지 않았기 때문에 발생하는 문제일 뿐이다. 따라서 심판대상 시행규칙조항은 과잉금지원칙에 위배되어 청구인의 국적이탈의 자유를 침해하지 않는다.

다. 헌법재판소가 심판대상 법률조항에 대한 단순위헌결정을 하여 효력이 즉시 상실되면, 국적선택이나 국적이탈에 대한 기간 제한이 정당한 경우에도 그 제한이 즉시 사라지게 되어 병역의무의 공평성 확보에 어려움이 발생할 수 있으므로, 심판대상 법률조항에 대하여 헌법불합치결정을 선고하되, 입법자의 개선입법이 있을 때까지 잠정적용을 명하기로 한다.

라. 종래 이와 견해를 달리하여 심판대상 법률조항과 동일한 내용의 국적법 조항들이 헌법에 위반되지 아니한다고 판시하였던 헌재 2006. 11. 30. 2005헌마739 결정 및 헌재 2015. 11. 26. 2013헌마805, 2014헌마788(병합) 결정은 이 결정 취지와 저촉되는 범위 안에서 이를 변경하기로 한다.

# 2019헌바131
# 공익사업을 위한 토지 등의 취득 및 보상에 관한 법률 제91조 제1항 위헌소원(환매권 발생기간 제한 사건)

종국일자 2020. 11. 26  종국결과 **헌법불합치**

**사건개요**

　창원시는 2005. 9.경 내지 2006. 1.경 청구인들로부터 '괴정-외성 간 해양관광도로 개설공사'를 추진하기 위하여 '공익사업을 위한 토지 등의 취득 및 보상에 관한 법률'(이하 '토지보상법'이라 한다)에 따라 창원시 ○○구 ○○동 ○○ 등 6필지 토지(이하 '이 사건 토지'라 한다)에 관하여 공공용지 협의취득에 의한 소유권이전등기를 마쳤다.

　창원시는 위 해양관광도로 개설공사를 진행하던 중 부산-진해 경제자유구역청이 추진하는 '남산유원지 개발계획'과 중복되는 부분이 있음이 밝혀져 사업진행을 보류하다가, 2017. 5. 25. 이 사건 토지를 위 해양관광도로 사업부지에서 제외하는 내용의 창원도시관리계획 결정(변경) 고시를 하였다(창원시 고시 제2017-102호).

　청구인들은 2018. 1. 8. 창원시를 상대로 주위적으로 환매를 원인으로 한 소유권이전등기절차 이행을 구하고, 예비적으로 환매권 통지를 하지 않은 불법행위에 기한 손해배상을 구하는 소를 제기하였다(창원지방법원 2018가단100291).

　청구인들은 위 소송 계속 중인 2019. 3. 14. 토지보상법 제91조 제1항에 대하여 위헌법률심판제청을 신청하였고(창원지방법원 2019카기10054), 2019. 4. 5. 위 신청이 기각되자 같은 달 19. 이 사건 헌법소원심판을 청구하였다.

**판시사항**

가. 환매권의 발생기간을 제한하고 있는 '공익사업을 위한 토지 등의 취득 및 보상에 관한 법률'(이하 '토지보상법'이라 한다) 제91조 제1항 중 '토지의 협의취득일 또는 수용의 개시일(이하 이 조에서 "취득일"이라 한다)부터 10년 이내에' 부분(이하 '이 사건 법률조항'이라 한다)이 재산권을 침해하는지 여부(적극)

나. 헌법불합치결정을 선고하면서 적용중지를 명한 사례

**결정요지**

가. 토지수용 등 절차를 종료하였다고 하더라도 공익사업에 해당 토지가 필요 없게 된 경우에는 토지수용 등의 헌법상 정당성이 장래를 향하여 소멸한 것이므로, 이러한 경우 종전 토지소유자가 소유권을 회복할 수 있는 권리인 환매권은 헌법이 보장하는 재산권의 내용에 포함되는 권리이다.

　환매권의 발생기간을 제한한 것은 사업시행자의 지위나 이해관계인들의 토지이용에 관한 법률관계 안정, 토지의 사회경제적 이용 효율 제고, 사회일반에 돌아가야 할 개발이익이 원소유자에게 귀속되는 불합리 방지 등을 위한 것인데, 그 입법목적은 정당하고 이와 같은 제한은 입법목적 달성을 위한 유효적절한 방법이라 할 수 있다.

그러나 2000년대 이후 다양한 공익사업이 출현하면서 공익사업 간 중복·상충 사례가 발생하였고, 산업구조 변화, 비용 대비 편익에 대한 지속적 재검토, 인근 주민들의 반대 등에 직면하여 공익사업이 지연되다가 폐지되는 사례가 다수 발생하고 있다. 이와 같은 상황에서 이 사건 법률조항의 환매권 발생기간 '10년'을 예외 없이 유지하게 되면 토지수용 등의 원인이 된 공익사업의 폐지 등으로 공공필요가 소멸하였음에도 단지 10년이 경과하였다는 사정만으로 환매권이 배제되는 결과가 초래될 수 있다. 다른 나라의 입법례에 비추어 보아도 발생기간을 제한하지 않거나 더 길게 규정하면서 행사기간 제한 또는 토지에 현저한 변경이 있을 때 환매거절권을 부여하는 등 보다 덜 침해적인 방법으로 입법목적을 달성하고 있다. 이 사건 법률조항은 침해의 최소성 원칙에 어긋난다.

이 사건 법률조항으로 제한되는 사익은 헌법상 재산권인 환매권의 발생 제한이고, 이 사건 법률조항으로 환매권이 발생하지 않는 경우에는 환매권 통지의무도 발생하지 않기 때문에 환매권 상실에 따른 손해배상도 받지 못하게 되므로, 사익 제한 정도가 상당히 크다. 그런데 10년 전후로 토지가 필요 없게 되는 것은 취득한 토지가 공익목적으로 실제 사용되지 못한 경우가 대부분이고, 토지보상법은 부동산등기부상 협의취득이나 토지수용의 등기원인 기재가 있는 경우 환매권의 대항력을 인정하고 있어 공익사업에 참여하는 이해관계인들은 환매권이 발생할 수 있음을 충분히 알 수 있다. 토지보상법은 이미 환매대금증감소송을 인정하여 당해 공익사업에 따른 개발이익이 원소유자에게 귀속되는 것을 차단하고 있다. 이 사건 법률조항이 추구하고자 하는 공익은 원소유자의 사익침해 정도를 정당화할 정도로 크다고 보기 어려우므로, 법익의 균형성을 충족하지 못한다.

결국 이 사건 법률조항은 헌법 제37조 제2항에 반하여 재산권을 침해한다.

나. 이 사건 법률조항의 위헌성은 환매권의 발생기간을 제한한 것 자체에 있다기보다는 그 기간을 10년 이내로 제한한 것에 있다. 이 사건 법률조항의 위헌성을 제거하는 다양한 방안이 있을 수 있고 이는 입법재량 영역에 속한다. 이 사건 법률조항의 적용을 중지하더라도 환매권 행사기간 등 제한이 있기 때문에 법적 혼란을 야기할 뚜렷한 사정이 있다고 보이지는 않는다. 이 사건 법률조항 적용을 중지하는 헌법불합치결정을 하고, 입법자는 가능한 한 빠른 시일 내에 이와 같은 결정 취지에 맞게 개선입법을 하여야 한다.

# 2017헌가22 등
# 장애인활동 지원에 관한 법률제5조 제2호 본문 위헌제청
## (65세 미만 노인성 질병이 있는 사람의 장애인활동지원급여 신청 제한 사건)
종국일자 2020. 12. 23 종국결과 **헌법불합치**

**사건개요**

2017헌가22 사건

(1) 제청신청인은 구 '장애인활동 지원에 관한 법률' 제5조 제1호에 규정된 중증장애인이자, 노인장기요양보험법 제2조 제1호에 규정된 '65세 미만의 자로서 치매·뇌혈관성질환 등 대통령령으로 정한 노인성 질병을 가진 자'에 해당한다.

(2) 제청신청인은 2016. 9. 6. 광주광역시 북구청장을 상대로 제청신청인에게 지급되고 있는 사회복지서비스를 노인장기요양보험법상의 장기요양급여에서 '장애인활동 지원에 관한 법률'상의 활동지원급여로 변경해 달라고 신청하였으나 거부처분을 받자, 거부처분의 취소를 구하는 소를 제기하고(광주지방법원 2016구합13137), 소송계속 중 광주지방법원에 거부처분의 근거가 된 '장애인활동 지원에 관한 법률' 제5조 제2호 및 제3호에 대한 위헌법률심판제청을 신청하였다(광주지방법원 2017아5086).

(3) 제청법원은, 2017. 7. 5. '장애인활동 지원에 관한 법률' 제5조 제2호 본문에 대한 신청을 받아들이는 한편, 나머지 신청을 기각하고, 2017. 7. 18. '장애인활동 지원에 관한 법률' 제5조 제2호 본문에 대한 이 사건 위헌법률심판을 제청하였다.

**판시사항**

가. 65세 미만의 일정한 노인성 질병이 있는 사람의 장애인 활동지원급여 신청자격을 제한하는 '장애인활동 지원에 관한 법률' 제5조 제2호 본문 중 '노인장기요양보험법 제2조 제1호에 따른 노인 등' 가운데 '65세 미만의 자로서 치매·뇌혈관성질환 등 대통령령으로 정하는 노인성 질병을 가진 자'에 관한 부분(이하 '심판대상조항'이라 한다)이 평등원칙에 위반되는지 여부(적극)

나. 헌법불합치 결정을 선고한 사례

**결정요지**

가. 65세 미만의 비교적 젊은 나이인 경우, 일반적 생애주기에 비추어 자립 욕구나 자립지원의 필요성이 높고, 질병의 치료효과나 재활의 가능성이 높은 편이므로 노인성 질병이 발병하였다고 하여 곧 사회생활이 객관적으로 불가능하다거나, 가내에서의 장기요양의 욕구·필요성이 급격히 증가한다고 평가할 것은 아니다.

또한 활동지원급여와 장기요양급여는 급여량 편차가 크고, 사회활동 지원 여부 등에 있어 큰 차이가 있다.

그럼에도 불구하고 65세 미만의 장애인 가운데 일정한 노인성 질병이 있는 사람의 경우 일률적으로 활동지원급여 신청자격을 제한한 데에 합리적 이유가 있다고 보기 어려우므로 심판대상조항은 평등원칙에 위반된다.

나. 심판대상조항을 단순위헌으로 선언하여 즉시 효력을 상실하게 할 경우, 중복급여로 인한 문제가 발생할 가능성이 있고, 활동지원급여와 장기요양급여의 구분체계에 법적 공백이 초래될 우려가 있다. 또한 사회보장수급권의 특성상, 어떠한 방식으로 심판대상조항의 위헌성을 제거할 것인지는 원칙적으로 입법자의 입법재량에 속한다.

따라서 심판대상조항에 대하여 헌법불합치결정을 선고하고, 입법자의 개선입법이 있을 때까지 잠정적용을 명하기로 한다.

# 2017헌마416
## 특정 문화예술인 지원사업 배제행위 등 위헌확인
**(문화예술계 블랙리스트의 작성 등과 지원사업 배제 지시에 관한 위헌소원 사건)**
종국일자 2020. 12. 23  종국결과 **인용(위헌확인)**, 기타

**사건개요**

'박근혜 정부의 최순실 등 민간인에 의한 국정농단 의혹 사건 규명을 위한 특별검사의 임명 등에 관한 법률'에 따라 임명된 특별검사는, 연간 약 2,000억 원에 이르는 문화예술분야 보조금 지원에 있어 정부 정책에 비판적이거나 견해를 달리한다는 이유만으로 특정 문화예술인이나 단체를 그 지원 대상에서 배제하였다는 등의 이유로 김○○ 전 대통령 비서실장(이하 '비서실장'이라 한다), 조○○ 전 문화체육관광부(이하 '문체부'라 한다) 장관, 김□□ 전 문체부장관, 정□□ 전 문체부 1차관, 신○○ 전 청와대 국민소통비서관(이하 '소통비서관'이라 한다), 김△△ 전 청와대 교육문화수석비서관(이하 '교문수석'이라 한다), 김▽▽ 전 청와대 문화체육비서관(이하 '문체비서관'이라 한다)을 직권남용권리행사방해죄 등으로 2017. 1. 30.과 2017. 2. 7. 각 기소하였다.

**판시사항**

가. 비법인사단이 폐업한 경우 심판절차가 종료되는지 여부(적극)

나. 피청구인 대통령의 지시로 피청구인 대통령 비서실장, 정무수석비서관, 교육문화수석비서관, 문화체육관광부장관이 야당 소속 후보를 지지하였거나 정부에 비판적 활동을 한 문화예술인이나 단체를 정부의 문화예술 지원사업에서 배제할 목적으로 개인의 정치적 견해에 관한 정보를 수집·보유·이용한 행위(이하 '이 사건 정보수집 등 행위'라 한다)가 법률유보원칙을 위반하여 개인정보자기결정권을 침해하는지 여부(적극)

다. 이 사건 정보수집 등 행위가 과잉금지원칙을 위반하여 청구인들의 개인정보자기결정권을 침해하는지 여부(적극)

라. 피청구인 대통령의 지시로 피청구인 대통령 비서실장, 정무수석비서관, 교육문화수석비서관, 문화체육관광부장관이 야당 소속 후보를 지지하였거나 정부에 비판적 활동을 한 문화예술인이나 단체를 정부의 문화예술 지원사업에서 배제할 목적으로, 한국문화예술위원회, 영화진흥위원회, 한국출판문화산업진흥원 소속 직원들로 하여금 특정 개인이나 단체를 문화예술인 지원사업에서 배제하도록 한 일련의 지시 행위(이하 '이 사건 지원배제 지시'라 한다)가 법률유보원칙을 위반하여 표현의 자유를 침해하는지 여부(적극)

마. 이 사건 지원배제지시가 과잉금지원칙을 위반하여 청구인들의 표현의 자유를 침해하는지 여부(적극)

바. 이 사건 지원배제지시가 청구인들의 평등권을 침해하는지 여부(적극)

---

**결정요지**

가. 비법인사단은 그 해산 이후에도 청산사무가 완료될 때까지 청산의 목적범위 내에서 권리·의무의 주체가 되나, 이 사건 헌법소원심판 청구는 청구인 ○○패의 청산 목적과 관련되어 있다고 보기 어려우므로, 그 당사자능력을 인정할 수 없어 심판절차가 종료되었다.

나. 이 사건 정보수집 등 행위의 대상인 정치적 견해에 관한 정보는 공개된 정보라 하더라도 개인의 인격주체성을 특징짓는 것으로, 개인정보자기결정권의 보호 범위 내에 속하며, 국가가 개인의 정치적 견해에 관한 정보를 수집·보유·이용하는 등의 행위는 개인정보자기결정권에 대한 중대한 제한이 되므로 이를 위해서는 법령상의 명확한 근거가 필요함에도 그러한 법령상 근거가 존재하지 않으므로 이 사건 정보수집 등 행위는 법률유보원칙을 위반하여 청구인들의 개인정보자기결정권을 침해한다.

다. 이 사건 정보수집 등 행위는 청구인들의 정치적 견해를 확인하여 야당 후보자를 지지한 이력이 있거나 현 정부에 대한 비판적 의사를 표현한 자에 대한 문화예술 지원을 차단하는 위헌적인 지시를 실행하기 위한 것으로, 그 목적의 정당성을 인정할 여지가 없어 청구인들의 개인정보자기결정권을 침해한다.

라. 이 사건 지원배제 지시는 특정한 정치적 견해를 표현한 자에 대하여 문화예술 지원 공모사업에서의 공정한 심사 기회를 박탈하여 사후적으로 제재를 가한 것으로, 개인 및 단체의 정치적 표현의 자유에 대한 제한조치에 해당하는바, 그 법적 근거가 없으므로 법률유보원칙을 위반하여 표현의 자유를 침해한다.

마. 이 사건 지원배제 지시는 정부에 대한 비판적 견해를 가진 청구인들을 제재하기 위한 목적으로 행한 것인데, 이는 헌법의 근본원리인 국민주권주의와 자유민주적 기본질서에 반하므로, 그 목적의 정당성을 인정할 수 없어 청구인들의 표현의 자유를 침해한다.

바. 이 사건 지원배제 지시는 특정한 정치적 견해를 표현한 청구인들을, 그러한 정치적 견해를 표현하지 않은 다른 신청자들과 구분하여 정부 지원사업에서 배제하여 차별적으로 취급한 것인데, 헌법상 문

화국가원리에 따라 정부는 문화의 다양성·자율성·창조성이 조화롭게 실현될 수 있도록 중립성을 지키면서 문화를 육성하여야 함에도, 청구인들의 정치적 견해를 기준으로 이들을 문화예술계 지원사업에서 배제되도록 한 것은 자의적인 차별행위로서 청구인들의 평등권을 침해한다.

## 2018헌마456 등
## 공직선거법 제82조의6 제1항등 위헌확인
### (선거운동기간 중 인터넷게시판 실명확인 사건)

종국일자 2021. 1. 28 종국결과 **위헌**

**사건개요**

2020헌마406

청구인 주식회사 □□은 인터넷신문 '□□'을 운영하는 법인이고, 청구인 추○○은 2020. 4. 15. 실시된 제21대 국회의원선거의 유권자이다.

공직선거법은 제82조의6 제1항에 이어 같은 조 제3항에서 행정안전부장관 및 개인신용정보업자로 하여금 실명인증자료를 실명인증을 받은 자 및 인터넷홈페이지별로 관리하고 중앙선거관리위원회가 그 자료의 제출을 요구하는 경우에는 이에 따르도록 규정하고, 같은 조 제4항에서는 인터넷언론사로 하여금 같은 조 제1항에 따른 정보등이 게시된 경우 홈페이지 게시판 등에 "실명인증" 표시가 나타나도록 하는 기술적 조치를 취하도록 규정하고 있다.

위 청구인들은 구 공직선거법 제82조의6 제1항, 공직선거법 제82조의6 제6항, 제7항과 아울러 구 공직선거법 제82조의6 제3항, 공직선거법 제82조의6 제4항, 그리고 인터넷언론사에 대한 과태료 부과의 근거조항인 공직선거법 제261조 제3항 제4호, 공직선거법 제261조 제6항 제3호가 청구인들의 기본권을 침해한다고 주장하며 헌법소원심판을 청구하였다.

**판시사항**

가. 인터넷언론사는 선거운동기간 중 당해 홈페이지 게시판 등에 정당·후보자에 대한 지지·반대 등의 정보를 게시하는 경우 실명을 확인받는 기술적 조치를 하도록 정한 공직선거법 조항(이하 '실명확인 조항'이라 한다) 중 "인터넷언론사" 및 "지지·반대" 부분이 명확성원칙에 위배되는지 여부(소극)

나. 위 실명확인 조항을 비롯하여, 행정안전부장관 및 신용정보업자는 실명인증자료를 관리하고 중앙선거관리위원회가 요구하는 경우 지체 없이 그 자료를 제출해야 하며, 실명확인을 위한 기술적 조치를 하지 아니하거나 실명인증의 표시가 없는 정보를 삭제하지 않는 경우 과태료를 부과하도록 정한 공직선거법 조항(이하 '심판대상조항'이라 한다)이 게시판 등 이용자의 익명표현의 자유 및 개인정보자기결정권과 인터넷언론사의 언론의 자유를 침해하는지 여부(적극)

가. 공직선거법 및 관련 법령이 구체적으로 '인터넷언론사'의 범위를 정하고 있고, 중앙선거관리위원회가 설치·운영하는 인터넷선거보도심의위원회가 심의대상인 인터넷언론사를 결정하여 공개하는 점 등을 종합하면 '인터넷언론사'는 불명확하다고 볼 수 없으며, '지지·반대'의 사전적 의미와 심판대상조항의 입법목적, 공직선거법 관련 조항의 규율내용을 종합하면, 건전한 상식과 통상적인 법 감정을 가진 사람이면 자신의 글이 정당·후보자에 대한 '지지·반대'의 정보를 게시하는 행위인지 충분히 알 수 있으므로, 실명확인 조항 중 "인터넷언론사" 및 "지지·반대" 부분은 명확성 원칙에 반하지 않는다.

나. 심판대상조항의 입법목적은 정당이나 후보자에 대한 인신공격과 흑색선전으로 인한 사회경제적 손실과 부작용을 방지하고 선거의 공정성을 확보하기 위한 것이고, 익명표현이 허용될 경우 발생할 수 있는 부정적 효과를 막기 위하여 그 규제의 필요성을 인정할 수는 있다.

그러나 심판대상조항과 같이 인터넷홈페이지의 게시판 등에서 이루어지는 정치적 익명표현을 규제하는 것은 인터넷이 형성한 '사상의 자유시장'에서의 다양한 의견 교환을 억제하고, 이로써 국민의 의사표현 자체가 위축될 수 있으며, 민주주의의 근간을 이루는 자유로운 여론 형성이 방해될 수 있다. 선거운동기간 중 정치적 익명표현의 부정적 효과는 익명성 외에도 해당 익명표현의 내용과 함께 정치적 표현행위를 규제하는 관련 제도, 정치적·사회적 상황의 여러 조건들이 아울러 작용하여 발생하므로, 모든 익명표현을 사전적·포괄적으로 규율하는 것은 표현의 자유보다 행정편의와 단속편의를 우선함으로써 익명표현의 자유와 개인정보자기결정권 등을 지나치게 제한한다.

정치적 의사표현을 자유롭게 할 수 있는 핵심적 기간이라 볼 수 있는 선거운동기간 중 익명표현의 제한이 구체적 위험에 기초한 것이 아니라 심판대상조항으로 인하여 위법한 표현행위가 감소할 것이라는 추상적 가능성에 의존하고 있는 점, 심판대상조항의 적용대상인 "인터넷언론사"의 범위가 광범위하다는 점까지 고려하면 심판대상조항으로 인한 기본권 제한의 정도는 결코 작다고 볼 수 없다.

실명확인제가 표방하고 있는 선거의 공정성이라는 목적은 인터넷 이용자의 표현의 자유나 개인정보자기결정권을 제약하지 않는 다른 수단에 의해서도 충분히 달성할 수 있다. 공직선거법은 정보통신망을 이용한 선거운동 규제를 통하여 공직선거법에 위반되는 정보의 유통을 제한하고 있고, '정보통신망 이용촉진 및 정보보호 등에 관한 법률'상 사생활 침해나 명예훼손 등의 침해를 받은 사람에게 인정되는 삭제요청 등의 수단이나 임시조치 등이 활용될 수도 있으며, 인터넷 이용자의 표현의 자유나 개인정보자기결정권을 제약하지 않고도 허위 정보로 인한 여론 왜곡을 방지하여 선거의 공정성을 확보하는 새로운 수단을 도입할 수도 있다. 인터넷을 이용한 선거범죄에 대하여는 명예훼손죄나 후보자비방죄 등 여러 사후적 제재수단이 이미 마련되어 있다. 현재 기술 수준에서 공직선거법에 규정된 수단을 통하여서도 정보통신망을 이용한 행위로서 공직선거법에 위반되는 행위를 한 사람의 인적사항을 특정하고, 궁극적으로 선거의 공정성을 확보할 수 있다.

심판대상조항은 정치적 의사표현이 가장 긴요한 선거운동기간 중에 인터넷언론사 홈페이지 게시판 등 이용자로 하여금 실명확인을 하도록 강제함으로써 익명표현의 자유와 언론의 자유를 제한하고, 모든 익명표현을 규제함으로써 대다수 국민의 개인정보자기결정권도 광범위하게 제한하고 있다는 점에서 이와 같은 불이익은 선거의 공정성 유지라는 공익보다 결코 과소평가될 수 없다. 그러므

> 로 심판대상조항은 과잉금지원칙에 반하여 인터넷언론사 홈페이지 게시판 등 이용자의 익명표현의
> 자유와 개인정보자기결정권, 인터넷언론사의 언론의 자유를 침해한다.

# 2018헌가6
# 국가유공자 등 예우 및 지원에 관한 법률 제13조 제2항 제1호 등 위헌제청
(6·25 전몰군경 자녀수당 수급권자 1인 한정 및 연장자 우선 사건)

종국일자 2021. 3. 25 종국결과 **헌법불합치**

**사건개요**

가. 제청신청인은, 1949. 1. 19.경 사망한 6·25전몰군경 망 엄□□의 차남으로서, 장남인 엄△△과 함께 1962. 1. 1. 순직군경유족으로 등록되었다. 엄△△은 2001. 7.부터 6·25전몰군경자녀수당을 지급받았으나, 제청신청인은 위 수당을 지급받지 못하였다.

나. 이에 제청신청인은 2017. 7. 27. 서울중앙지방법원에 대한민국을 상대로 2017. 1.부터 2017. 6. 까지의 6·25전몰군경자녀수당 지급을 청구하고, 제청신청인이 6·25전몰군경자녀수당의 수급권자 지위에 있다는 확인을 구하는 소를 제기하면서(2017가합552293),

그 소송 계속 중 6·25전몰군경자녀수당 수급권자를 '1953년 7월 27일 이전 및 「참전유공자 예우 및 단체설립에 관한 법률」 별표에 따른 전투기간 중에 전사하거나 순직한 전몰군경 또는 순직군경의 자녀(이하 위 전몰군경 또는 순직군경을 '6·25전몰군경'이라 하고, 그 자녀를 '6·25전몰군경자녀'라 한다)' 중 1명에 한정하고, 그 중 나이가 많은 자를 우선하도록 정한 '국가유공자 등 예우 및 지원에 관한 법률' 제16조의3 제1항 본문 중 '6·25전몰군경의 자녀 중 제13조에 따른 보상금 지급순위가 선순위인 사람 1명에 한정하여

6·25전몰군경자녀수당을 지급하는 부분' 및 제13조 제2항 제1호 중 '나이가 많은 자를 우선하는 부분'에 대하여 위헌법률심판제청신청을 하였다(2017카기50808). 위 법원은 2018. 2. 22. 위 신청을 받아들여 이 사건 위헌법률심판을 제청하였다.

**판시사항**

가. 6·25전몰군경자녀에게 6·25전몰군경자녀수당을 지급하면서 그 수급권자를 6·25전몰군경자녀 중 1명에 한정하고, 나이가 많은 자를 우선하도록 정한 ① 구 '국가유공자 등 예우 및 지원에 관한 법률' 제16조의3 제1항 본문 중 '자녀 중 1명'에 한정하여 6·25전몰군경자녀수당을 지급하도록 한 부분 및 '제13조 제2항 제1호에 따른 선순위인 사람' 부분 가운데 '나이가 많은' 자녀에게 6·25전몰군경자녀수당을 지급하도록 한 부분,

② '국가유공자 등 예우 및 지원에 관한 법률' 제16조의3 제1항 본문 중 '자녀 중 1명'에 한정하여 6·2

5전몰군경자녀수당을 지급하도록 한 부분 및 '제13조 제2항 제3호에 따른 선순위인 사람' 부분 가운데 '나이가 많은' 자녀에게 6·25전몰군경자녀수당을 지급하도록 한 부분(이하 모두 합하여 '이 사건 법률조항'이라 한다)이 **나이가 적은 6·25전몰군경자녀의 평등권을 침해하는지 여부**(적극)

나. 헌법불합치 결정(계속적용)을 선고한 사례

**결정요지**

가. 6·25전몰군경자녀 중 1명에게만 6·25전몰군경자녀수당(이하 '이 사건 수당'이라 한다)을 지급한다면, 소액의 수당조차 전혀 지급받지 못하는 자녀의 생활보호는 미흡하게 된다. 국가의 재정부담 능력 등 때문에 이 사건 수당의 지급 총액이 일정액으로 제한될 수밖에 없다고 하더라도, 그 범위 내에서 생활정도에 따라 이 사건 수당을 적절히 분할해서 지급한다면 이 사건 수당의 지급취지를 살리면서도 1명에게만 지급됨으로 인해 발생하는 불합리를 해소할 수 있다. 따라서 **이 사건 법률조항이 6·25전몰군경자녀 중 1명에 한정하여 이 사건 수당을 지급하도록 하고 수급권자의 수를 확대할 수 있는 어떠한 예외도 두지 않은 것에는 합리적 이유가 있다고 보기 어렵다.**

산업화에 따른 핵가족화의 영향으로 형제간에도 결혼 후에는 경제적으로 의존하는 경우가 많지 않아 연장자인 자녀가 다른 자녀를 부양할 것을 기대하기 어렵고, 제사문화 역시 변화하고 있어 연장자가 반드시 제사주재자가 된다고 볼 수도 없다. 직업이나 보유재산 등에 따라서 연장자의 경제적 사정이 가장 좋은 경우도 있을 수 있다. **따라서 이 사건 법률조항이 6·25전몰군경자녀 중 나이가 많은 자를 이 사건 수당의 선순위 수급권자로 정하는 것은 이 사건 수당이 가지는 사회보장적 성격에 부합하지 아니하고, 나이가 많다는 우연한 사정을 기준으로 이 사건 수당의 지급순위를 정하는 것으로 합리적인 이유가 없다.**

따라서 이 사건 법률조항은 나이가 적은 6·25전몰군경자녀의 평등권을 침해한다.

나. 이 사건 법률조항을 단순위헌으로 선언하여 즉시 효력을 상실하게 할 경우, 이 사건 수당 지급의 근거 규정이 사라지게 되어 법적 공백 상태가 발생할 수 있다. 나아가 이 사건 법률조항의 위헌적 상태를 제거함에 있어서 어떠한 기준 및 요건에 의해 수급권자를 정할 것인지 등에 관하여 헌법재판소의 결정취지의 한도 내에서 입법자에게 재량이 부여된다.

따라서 이 사건 법률조항에 대하여 헌법불합치결정을 선고하고, 2022. 12. 31.을 시한으로 입법자의 개선입법이 있을 때까지 계속적용을 명하기로 한다.

# 2019헌가11
# 공직선거법 제57조의6 제1항등 위헌제청
## (지방공단 상근직원의 경선운동 금지 사건)

종국일자 2021. 4. 29  종국결과 **위헌**

**사건개요**

가.  제청신청인 김○○는 2014. 8.부터 2017. 7. 28.까지 지방공단인 광주광역시 ○○구 시설관리공단(이하 '이 사건 공단'이라 한다)의 임원인 ▽▽이었고, 2018. 6. 13. 실시된 제7회 전국동시지방선거(이하 '이 사건 지방선거'라 한다)에서 ○○당의 당내경선 과정을 통해 광주광역시 ○○구청장 후보로 출마하여 **당선된** 사람이다. 제청신청인 김□□는 2014. 10. 13.부터 이 사건 공단의 직원인 ○○팀장으로, 제청신청인 유○○은 2014. 10. 1.부터 이 사건 공단의 직원인 △△팀장으로, 제청신청인 최○○은 2014. 7. 1.부터 이 사건 공단의 ○○팀 직원으로 근무했던 사람이다.

나.  제청신청인 김□□, 유○○, 최○○은 **이 사건 공단의 상근직원**으로서 당내경선운동을 할 수 없음에도, 제청신청인 김○○, 이 사건 공단 직원들 등과 공모하여, 2017. 7.경부터 2017. 10.경까지 ○○당 광주광역시 ○○구청장 당내경선에 출마하려는 제청신청인 김○○를 위하여 권리당원 4,116명을 모집하면서 사회관계망서비스(SNS) 전파용 홍보물을 배포하는 등의 방법으로 공직선거법상 금지된 당내경선운동을 하였다는 공소사실 등으로 기소되어 유죄판결을 선고받았다(광주지방법원 2018고합135).

다.  제청신청인들은 항소하여 그 항소심(광주고등법원 2018노428) 계속 중 공직선거법 제57조의6 제1항, 제60조 제1항 제5호 중 제53조 제1항 제6호 상근직원 부분 및 같은 법 제255조 제1항 제1호 중 위 해당부분에 대하여 위헌법률심판제청신청을 하였고, 제청법원은 2019. 3. 26. 공직선거법 제57조의6 제1항, 제60조 제1항 제5호 중 제53조 제1항 제6호 가운데 광주광역시 ○○구 시설관리공단의 상근직원 부분 및 같은 법 제255조 제1항 제1호 중 위 해당부분에 대하여 위헌법률심판제청을 하였다.

**판시사항**

광주광역시 광산구 시설관리공단(이하 '이 사건 공단'이라 한다)의 **상근직원**이 당원이 아닌 자에게도 투표권을 부여하는 **당내경선에서 경선운동을 할 수 없도록 금지·처벌**하는 공직선거법 제57조의6 제1항 본문의 '제60조 제1항 제5호 중 제53조 제1항 제6호 가운데 지방공기업법 제2조에 규정된 지방공단인 광주광역시광산구시설관리공단의 상근직원'에 관한 부분 및 같은 법 제255조 제1항 제1호 중 위 해당부분(이하 '심판대상조항'이라 한다)이 **정치적 표현의 자유를 침해하는지 여부(적극)**

결정요지　　　당내경선의 형평성과 공정성을 확보하기 위한 심판대상조항의 **목적의 정당성 및 수단의 적합성이 인정된다.**

　　그러나 이 사건 공단의 상근직원은 이 사건 공단의 경영에 관여하거나 실질적인 영향력을 미칠 수 있는 권한을 가지고 있지 아니하므로, 경선운동을 한다고 하여 그로 인한 부작용과 폐해가 크다고 보기 어렵다. 또한 공직선거법은 이미 이 사건 공단의 상근직원이 당내경선에 직·간접적으로 영향력을 행사하는 행위들을 금지·처벌하는 규정들을 마련하고 있다. **이 사건 공단의 상근직원이 그 지위를 이용하여 경선운동을 하는 행위를 금지·처벌하는 규정을 두는 것은 별론으로 하고, 이 사건 공단의 상근직원의 경선운동을 일률적으로 금지·처벌하는 것은 정치적 표현의 자유를 과도하게 제한하는 것**이다. 정치적 표현의 자유의 중대한 제한에 비하여, 이 사건 공단의 상근직원이 당내경선에서 공무원에 준하는 영향력이 있다고 볼 수 없는 점 등을 고려하면 심판대상조항이 당내경선의 형평성과 공정성의 확보라는 공익에 기여하는 바가 크다고 보기 어렵다.

　　따라서 심판대상조항은 과잉금지원칙에 반하여 정치적 표현의 자유를 침해한다.

## 2018헌마1168
## 정치자금법 제27조 제1항 등 위헌확인
**(정치자금법상 회계보고된 자료의 열람기간에 관한 사건)**

종국일자 2021. 5. 27　종국결과 **위헌**, 각하

사건개요　　가. **청구인 ○○당**은 2012. 10. 22. 중앙선거관리위원회에 등록한 정당으로, 정치자금법 제27조에서 정한 보조금 배분기준을 충족하지 못하여 창당 이래 위 조항에 따라 정당에게 지급되는 보조금을 지급받은 적이 없다.

　　나. 청구인 하○○는 2018. 11. 28. 세종특별시 선거관리위원회에 이○○ 의원의 후원회 회계보고서, 국회의원 회계보고서, 첨부서류의 정보공개를 청구하였으나, 위 선거관리위원회는 2018. 12. 11. 정치자금법 제42조 제3항에 따라 첨부서류 중 통장사본 및 영수증에 대해 비공개결정을 하고 나머지 자료는 공개하였다.

　　청구인 신○○는 앞으로 정치자금법 제42조 제2항 및 제3항에 따라 관할 선거관리위원회에 보고된 정치자금의 수입·지출 상세내역, 첨부서류 등을 열람하고, 이에 대한 사본교부를 신청하려고 하는 자이다.

　　다. 청구인 ○○당은 **정당에 대한 보조금의 배분기준을 정한 정치자금법 제27조 제1항 내지 제3항이 기본권을 침해한다고 주장하면서,** 청구인 신○○, 청구인 하○○는 회계보고된 자료의 열람기간을 3월

간으로 제한한 정치자금법 제42조 제2항, 정치자금을 수입·지출한 영수증 그 밖의 증빙서류 사본(이하 '영수증'이라 한다), 정치자금을 수입·지출한 예금통장 사본(이하 '예금통장'이라 한다)을 사본교부 대상에서 제외한 정치자금법 제42조 제3항 괄호 부분이 기본권을 침해한다고 주장하면서 2018. 12. 5. 이 사건 헌법소원심판을 청구하였다.

**판시사항**

가. 정치자금법 제42조 제3항 중 '(제2호 및 제3호의 서류를 제외한다)' 부분(이하 '이 사건 사본교부제한 조항'이라 한다)에 관한 심판청구가 기본권침해의 직접성 요건을 충족하는지 여부(소극)

나. 정치자금법에 따라 회계보고된 자료의 열람기간을 3월간으로 제한한 정치자금법 제42조 제2항 본문 중 '3월간' 부분(이하 '이 사건 열람기간제한 조항'이라 한다)이 과잉금지원칙에 위배되어 청구인 신○○의 알 권리를 침해하는지 여부(적극)

**결정요지**

가. 기본권 제한의 효과는 관할 선거관리위원회가 사본교부를 거부하는 집행행위를 하는 때에 비로소 발생하므로, 이 사건 사본교부제한 조항을 대상으로 한 심판청구는 기본권침해의 직접성 요건을 갖추지 못하였다.

나. 이 사건 열람기간제한 조항이 회계보고된 자료의 열람기간을 3월간으로 제한한 것은, 정치자금을 둘러싼 법률관계 또는 분쟁을 조기에 안정시키고, 선거관리위원회가 방대한 양의 자료를 보관하면서 열람을 허용하는 데 따르는 업무부담을 줄이기 위한 것으로 입법목적이 정당하며, 위 입법목적을 달성하는 데 기여하는 적합한 수단이다.

국민의 정치자금 자료에 대한 자유로운 접근을 허용하고 국민 스스로 정치자금의 투명성을 살필 수 있도록 하는 것은 정치자금법의 입법목적 및 기본원칙에 부합하고, 이는 정치자금의 투명성 강화 및 부정부패 근절이 시대정신이 된 지금에 와서는 더욱 그러하다. 또한 정치자금의 지출 내역 등은 정치인이 어떻게 활동하는지 보여주는 핵심적 지표로서 유력한 평가자료가 되므로 국민들이 필요로 하는 만큼의 자료를 제공할 필요가 있다. 따라서 국민의 정치자금 자료에 대한 접근 제한은 필요 최소한으로 이루어져야 한다.

정치자금의 수입과 지출명세서 등에 대한 사본교부 신청이 허용된다고 하더라도, 검증자료에 해당하는 영수증, 예금통장을 직접 열람함으로써 정치자금 수입·지출의 문제점을 발견할 수 있다는 점에서 이에 대한 접근이 보장되어야 한다. 영수증, 예금통장은 현행법령 하에서 사본교부가 되지 않아 열람을 통해 확인할 수밖에 없음에도 열람 중 필사가 허용되지 않고 열람기간마저 3월간으로 짧아 그 내용을 파악하고 분석하기 쉽지 않다.

또한 열람기간이 공직선거법상의 단기 공소시효조차 완성되지 아니한, 공고일부터 3개월 후에 만료된다는 점에서도 지나치게 짧게 설정되어 있다. 한편 선거관리위원회는 데이터 생성·저장 기술의 발전을 이용해 자료 보관, 열람 등의 업무부담을 상당 부분 줄여왔고, 앞으로도 그 부담이 과도해지지 않도록 할 수 있을 것으로 보인다. 이를 종합하면 정치자금을 둘러싼 분쟁 등의 장기화 방지 및 행정부담의 경감을 위해 열람기간의 제한 자체는 둘 수 있다고 하더라도, 현행 기간이 지나치게 짧다는 점은 명확하다.

짧은 열람기간으로 인해 청구인 신○○는 회계보고된 자료를 충분히 살펴 분석하거나, 문제를 발견할 실질적 기회를 갖지 못하게 되는바, 달성되는 공익과 비교할 때 이러한 사익의 제한은 정치자금의 투명한 공개가 민주주의 발전에 가지는 의미에 비추어 중대하다.

그렇다면 이 사건 열람기간제한 조항은 과잉금지원칙에 위배되어 청구인 신○○의 알권리를 침해한다.

# 2019헌가17
## 구 광주민주화운동관련자보상등에관한법률 제16조 제2항 위헌제청
(5·18민주화운동과 관련하여 재판상 화해 간주 사유를 규정하고 있는 5·18보상법 조항에 관한 위헌제청 사건)

종국일자 2021. 5. 27 종국결과 **위헌**

사건개요

제청신청인들은 5·18민주화운동과 관련하여 구 '광주민주화운동 관련자 보상 등에 관한 법률'에 따라 설치된 광주민주화운동 관련자 보상심의위원회의 결정에 의해 대한민국으로부터 보상금, 의료지원금, 생활지원금(이하 '보상금 등'이라 한다) 및 기타 지원금을 지급받은 사람들이다. 또한 제청신청인들 중 일부는 이후 구 '5·18민주화운동 관련자 보상 등에 관한 법률'에 따라 설치된 5·18민주화운동 관련자 보상심의위원회의 결정에 따라 보상금을 추가 지급받았다.

제청신청인들은 2018. 12. 13. 대한민국을 상대로 군 수사관 등의 가혹 행위 등 위법한 직무집행으로 인해 발생한 정신적 손해 등의 배상을 청구하는 소송을 제기하였고(광주지방법원 2018가합59972), 소송 계속 중 구 '광주민주화운동 관련자 보상 등에 관한 법률' 제16조 제2항에 대한 위헌법률심판제청을 신청하였다(광주지방법원 2019카기50079). 제청법원은 이를 받아들여 2019. 5. 28. 이 사건 위헌법률심판제청을 하였다.

**판시사항**

5·18민주화운동과 관련하여 **보상금 지급 결정에 동의하면 '정신적 손해'에 관한 부분도 재판상 화해가 성립된 것으로 보는** 구 '광주민주화운동 관련자 보상 등에 관한 법률' 제16조 제2항 가운데 '광주민주화운동과 관련하여 입은 피해' 중 '정신적 손해'에 관한 부분 및 구 '5·18민주화운동 관련자 보상 등에 관한 법률'(이하 법명이 변경된 전후 법을 통칭하여 '5·18보상법'이라 한다) 제16조 제2항 가운데 '5·18민주화운동과 관련하여 입은 피해' 중 '정신적 손해'에 관한 부분(이하 위 두 조항을 통칭하여 '심판대상조항'이라 한다)이 **국가배상청구권을 침해하는지 여부(적극)**

**결정요지**

5·18보상법 및 같은 법 시행령의 관련조항을 살펴보면 **정신적 손해배상에 상응하는 항목은 존재하지 아니하고, 보상심의위원회가 보상금 등 항목을 산정함에 있어 정신적 손해를 고려할 수 있다는 내용도 발견되지 아니한다.**

그럼에도 불구하고 심판대상조항은 정신적 손해에 대해 적절한 배상이 이루어지지 않은 상태에서, 5·18민주화운동과 관련하여 사망하거나 행방불명된 자 및 상이를 입은 자 또는 그 유족이 적극적·소극적 손해의 배상에 상응하는 보상금 등 **지급결정에 동의하였다는 사정만으로 재판상 화해의 성립을 간주**하고 있다.

이는 **국가배상청구권에 대한 과도한 제한이고, 해당 손해에 대한 적절한 배상이 이루어졌음을 전제로 하여 국가배상청구권 행사를 제한하려 한 5·18보상법의 입법목적에도 부합하지 않는다.** 따라서 이 조항이 5·18보상법상 보상금 등의 성격과 중첩되지 않는 정신적 손해에 대한 국가배상청구권의 행사까지 금지하는 것은 국가배상청구권을 침해한다.

# 2017헌바479
# 보안관찰법제2조 등 위헌소원
## (보안관찰처분대상자에 대한 신고의무 부과 사건)
종국일자 2021. 6. 24  종국결과 **헌법불합치**, 합헌

**사건개요**

가. 청구인은 국가보안법위반(국가기밀 탐지·수집)죄 등으로 2013. 7. 26. 징역 5년 및 자격정지 5년 형을 선고받고(대법원 2013도2511), 2016. 7. 17. ○○교도소에서 형 집행을 종료한 자이다.

나. 청구인은 보안관찰법상 보안관찰처분대상자에 해당하여 보안관찰법 제6조에 따라 출소 후 출소사실 및 과거 신고한 사항에 변동이 발생한 주거지 변동사실에 관하여 신고의무가 있음에도, 정당한 이유 없이 이를 신고하지 아니하여 보안관찰법위반죄로 기소되었다.

다. 청구인은 제1심 계속 중 보안관찰법 제2조, 제3조, 제6조 제1항, 제2항, 제27조 제2항에 대하여 위헌법률심판제청신청을 하였으나, 2017. 11. 1. 그 신청이 기각되고(서울서부지방법원 2017초기606) 같은 날 벌금 100만 원을 선고받자(서울서부지방법원 2017고단1171), 2017. 11. 30. 이 사건 헌법소원 심판을 청구하였다.

**판시사항**

가. 보안관찰처분대상자가 교도소 등에서 출소한 후 7일 이내에 출소사실을 신고하도록 정한 구 보안관찰법 제6조 제1항 전문 중 출소 후 신고의무에 관한 부분 및 이를 위반할 경우 처벌하도록 정한 보안관찰법 제27조 제2항 중 구 보안관찰법 제6조 제1항 전문 가운데 출소 후 신고의무에 관한 부분(이하 위 두 조항을 합하여 '출소후신고조항 및 위반 시 처벌조항'이라 한다)이 과잉금지원칙을 위반하여 청구인의 사생활의 비밀과 자유 및 개인정보자기결정권을 침해하는지 여부(소극)

나. 출소후신고조항 및 위반 시 처벌조항이 평등원칙에 위반되는지 여부(소극)

다. 보안관찰처분대상자가 교도소 등에서 출소한 후 기존에 보안관찰법 제6조 제1항에 따라 신고한 거주예정지 등 정보에 변동이 생길 때마다 7일 이내에 이를 신고하도록 정한 보안관찰법 제6조 제2항 전문(이하 '변동신고조항'이라 한다)이 포괄위임금지원칙에 위배되는지 여부(소극)

라. 변동신고조항 및 이를 위반할 경우 처벌하도록 정한 보안관찰법 제27조 제2항 중 제6조 제2항 전문에 관한 부분(이하 변동신고조항과 합하여 '변동신고조항 및 위반 시 처벌조항'이라 한다)이 과잉금지원칙을 위반하여 청구인의 사생활의 비밀과 자유 및 개인정보자기결정권을 침해하는지 여부(적극)

마. 변동신고조항 및 위반 시 처벌조항에 대하여 위헌의견이 4인, 헌법불합치의견이 2인인 경우 주문의 표시 및 헌법불합치결정을 선고하면서 계속 적용을 명한 사례

**결정요지**

가. 출소 후 출소사실을 신고하여야 하는 신고의무 내용에 비추어 보안관찰처분대상자(이하 '대상자'라 한다)의 불편이 크다거나 7일의 신고기간이 지나치게 짧다고 할 수 없다. 보안관찰해당범죄는 민주주의체제의 수호와 사회질서의 유지, 국민의 생존 및 자유에 중대한 영향을 미치는 범죄인 점, 보안관찰법은 대상자를 파악하고 재범의 위험성 등 보안관찰처분의 필요성 유무의 판단 자료를 확보하기 위하여 위와 같은 신고의무를 규정하고 있다는 점 등에 비추어 출소 후 신고의무 위반에 대한 제재수단으로 형벌을 택한 것이 과도하다거나 법정형이 다른 법률들에 비하여 각별히 과중하다고 볼 수도 없다.

따라서 출소후신고조항 및 위반 시 처벌조항은 과잉금지원칙을 위반하여 청구인의 사생활의 비밀과 자유 및 개인정보자기결정권을 침해하지 아니한다.

나. 대상자와 피보안관찰자에 맞게 각각에 대하여 신고의무를 부과하는 것 자체가 불합리하다고 볼 수 없고, 각 신고의무 모두 그 이행을 통한 관련 자료 확보의 필요성이 있다는 점 등에 비추어, 각자에게 '신고의무'를 부과하고 그 위반에 대해 동일한 법정형을 정한 것이 곧바로 평등원칙에 위반된다

고 보기 어렵다. 또한 보안관찰과 치료감호·보호관찰이 신고의무 부과 및 제재에 있어 다른 이유는 각 제도의 목적과 취지, 법적 성질, 대상자의 지위와 처분의 내용에 차이가 있기 때문이다.

　　따라서 출소후신고조항 및 위반 시 처벌조항은 평등원칙에 위반되지 않는다.

다. 사회적 변화에 대응하기 위해 대상자가 신고해야 할 구체적 사항을 하위법령에 위임할 필요성이 인정된다. 보안관찰법 제6조 제1항에서 위임한 신고사항에는 대상자의 생활환경, 성행 등을 파악하는 데 필요한 직업, 재산, 가족 및 교우관계 등 재범의 위험성을 판단하기 위한 정보가 포함될 것임을 충분히 예측할 수 있다. 따라서 위 제6조 제1항에 의한 신고사항에 변동이 있을 경우 신고하도록 정한 변동신고조항은 포괄위임금지원칙에 위배되지 아니한다.

라. (1) 재판관 이석태, 재판관 김기영, 재판관 문형배, 재판관 이미선의 위헌의견
변동신고조항 및 위반 시 처벌조항은 아직 재범의 위험성 판단이 이루어지지 아니한 대상자에게, 재범의 위험성이 인정되어 보안관찰처분을 받은 사람과 유사한 신고의무 및 그 위반 시 동일한 형사처벌을 규정하고 있다. 이는 재범의 위험성이 없으면 보안처분을 부과할 수 없다는 보안처분에 대한 죄형법정주의적 요청에 위배되고, 입법목적 달성에 필요하지 않은 제한까지 부과하는 것이다.

　　피보안관찰자의 경우 2년마다 그 시점을 기준으로 재범의 위험성을 심사하여 갱신 여부를 결정하도록 하고 있는데, 대상자의 경우에는 정기적 심사도 없이 무기한의 신고의무를 부담하게 된다. 이 때문에 종국결정이라 할 수 있는 보안관찰처분이 없음에도 보안관찰처분이 있는 것과 유사한 효과를 선취하는 불합리한 결과를 초래하고 있다.

　　따라서 변동신고조항 및 위반 시 처벌조항은 과잉금지원칙을 위반하여 청구인의 사생활의 비밀과 자유 및 개인정보자기결정권을 침해한다.

(2) 재판관 유남석, 재판관 이은애의 헌법불합치의견

　　변동신고조항은 출소 후 기존에 신고한 거주예정지 등 정보에 변동이 생기기만 하면 신고의무를 부과하는바, 의무기간의 상한이 정해져 있지 아니하여, 대상자로서는 보안관찰처분을 받은 자가 아님에도 무기한의 신고의무를 부담한다. 대상자는 보안관찰처분을 할 권한이 있는 행정청이 어느 시점에 처분을 할지 모르는 불안정한 상태에 항상 놓여 있게 되는바, 이는 행정청이 대상자의 재범 위험성에 대하여 판단을 하지 아니함에 따른 부담을 오히려 대상자에게 전가한다는 문제도 있다.

　　대상자가 면제결정을 받으면 신고의무에서 벗어날 수 있으나, 이러한 예외적인 구제절차가 존재한다는 사정만으로는 기간의 상한 없는 변동신고의무의 위헌성을 근본적으로 치유하기에는 부족하다.

　　그렇다면 변동신고조항 및 위반 시 처벌조항은 대상자에게 보안관찰처분의 개시 여부를 결정하기 위함이라는 공익을 위하여 지나치게 장기간 형사처벌의 부담이 있는 신고의무를 지도록 하므로, 이는 과잉금지원칙을 위반하여 청구인의 사생활의 비밀과 자유 및 개인정보자기결정권을 침해한다.

　　변동신고조항 및 위반 시 처벌조항의 위헌성은 대상자가 무기한의 변동신고의무를 부담하게 된다는 데에 있다. 이에 대해 단순위헌결정을 할 경우 대상자에 대하여 변동사항 신고의무를 부과함이 정당한 경우에도 그러한 의무가 즉시 사라지게 되어 법적 공백이 발생한다. 따라서 위 조항들에 대

하여 헌법불합치결정을 선고하고, 입법자의 개선입법이 있을 때까지 잠정적용을 명하는 것이 타당하다.

마. 변동신고조항 및 위반 시 처벌조항에 대하여는 4인의 위헌의견에 2인의 헌법불합치의견을 가산하면 위헌 정족수를 충족하게 된다. 따라서 위 조항들은 헌법에 합치되지 아니한다고 선언하고, 입법자가 2023. 6. 30. 이전에 개선입법을 할 때까지 계속 적용한다.

## 2018헌마405
## 서울특별시 자치구의회의원 선거구와 선거구별 의원정수에 관한 조례 [별표] 위헌확인 (서울특별시 자치구의회의원 선거구의 인구편차 허용기준 사건)

종국일자 2021. 6. 24  종국결과 **헌법불합치**, 기각, 각하

**사건개요**

청구인 권○○는 '서울특별시 자치구의회의원 선거구와 선거구별 의원정수에 관한 조례'(2018. 3. 23. 서울특별시조례 제6852호로 개정된 것, 이하 '이 사건 조례'라 한다) [별표] '서울특별시 자치구의회의원 선거구와 선거구별 의원정수' 중 강남구 "바"선거구에, 청구인 김○○는 강동구 "바"선거구에, 청구인 나○○은 마포구 "마"선거구에,

청구인 나□□는 마포구 "아"선거구에, 청구인 박○○는 중랑구 "사"선거구에, 청구인 양○○는 동대문구 "사"선거구에, 청구인 엄○○은 송파구 "차"선거구에, 청구인 이○○와 이□□은 강서구 "라"선거구에, 청구인 김□□과 조○○은  강동구 "라"선거구에 각각 그 주소를 두고 2018. 6. 13. 실시될 예정이었던 제7회 전국 동시지방선거 중 서울특별시 자치구의회의원 선거에서 선거권을 행사하려던 사람들로, 선거구 사이의 인구편차로 인해 선거권과 평등권 등이 침해되었다고 주장하며 2018. 4. 18. 이 사건 헌법소원심판을 청구하였다.

**판시사항**

가. 자신이 주소를 둔 선거구가 아닌 선거구에 대한 심판청구에 관하여 기본권 침해의 자기관련성이 인정되는지 여부(소극)

나. '서울특별시 자치구의회의원 선거구와 선거구별 의원정수에 관한 조례' [별표] '서울특별시 자치구의회의원 선거구와 선거구별 의원정수' 중 동대문구 "사"선거구, 중랑구 "사"선거구, 송파구 "차"선거구, 마포구 "아"선거구, 강서구 "라"선거구 및 강남구 "바"선거구 부분(이를 합하여, 이하 '이 사건 선거구란'이라 한다)이 자치구의회의원 지역구 획정에서 요구되는 인구편차 허용기준을 벗어나 청구인들의 선거권 및 평등권을 침해하는지 여부(일부 적극)

다. 자치구의회의원 선거구구역표의 불가분성에 따라 헌법불합치결정을 하면서 계속 적용을 명한 사례

결정요지

가. 자신이 주소를 둔 선거구가 아닌 선거구를 심판대상으로 삼아 다투고 있는 청구인들은 제3자에 불과하여 기본권침해의 자기관련성을 인정할 수 없다.

나. 헌법재판소는 2018. 6. 28. 2014헌마166 결정에서 **자치구·시·군의원 선거구 획정에 관하여 헌법상 허용되는 인구편차의 한계를 인구편차 상하 50%(인구비례 3:1)로** 판단하였다. 그러므로 이 사건 선거구란 중 인구편차 상하 50%를 넘지 않는 이 사건 동대문구 "사"선거구란, 중랑구 "사"선거구란 및 송파구 "차"선거구란은 각 입법재량의 범위 내에 있는 것으로, 헌법상 허용되는 인구편차의 한계를 일탈하여 청구인 양○○, 박○○, 엄○○의 각 선거권과 평등권을 침해한다고 볼 수 없다.

그러나 이 사건 선거구란 중 위 기준을 넘어선 이 사건 마포구 "아"선거구란, 강서구 "라"선거구란 및 강남구 "바"선거구란은 **각 헌법상 허용되는 인구편차의 한계를 일탈**하였으므로, 청구인 나○○, 이○○, 이△△, 권○○의 각 **선거권과 평등권을 침해**한다.

다. 각 자치구에 해당하는 선거구구역표는 전체가 불가분의 일체를 이루므로, 일부 선거구의 선거구획정에 위헌성이 있다면 각 자치구에 해당하는 선거구구역표 전부에 관하여 위헌선언을 하는 것이 타당하다.

따라서 '서울특별시 자치구의회의원 선거구와 선거구별 의원정수에 관한 조례' [별표] '서울특별시 자치구의회의원 선거구와 선거구별 의원정수' 중 마포구 부분, 강서구 부분 및 강남구 부분 전체에 대하여 위헌선언을 하되, 개정입법이 빠른 시일 내에 이루어지지 않아 공백이 초래될 수 있으므로, 2021. 12. 31.을 시한으로 입법자가 개정할 때까지 이의 계속 적용을 명하는 헌법불합치결정을 하기로 한다.

# 2018헌가2

## 형의 실효 등에 관한 법률 제8조의2 위헌제청
**(법원에서 불처분결정된 소년부송치 사건에 대한 수사경력자료의 보존기간 및 삭제에 관하여 규정하지 않은 형실효법 조항에 관한 위헌제청 사건)**

종국일자 2021. 6. 24  종국결과 **헌법불합치**

사건개요

가. 당해사건 원고는 폭력행위등처벌에관한법률위반 혐의로 입건되어 2001. 1. 29. 창원지방검찰청 검사로부터 소년부송치 처분을 받고, 2002. 3. 26. 창원지방법원에서 위 소년보호사건에 대하여 불처분결정을 받았다.

나. 당해사건 원고는 2016. 4. 18. 경남지방경찰청에 신청하여 수령한 '범죄·수사경력 회보서'의 수사경력자료에 위 소년부송치 사실이 기록된 것을 확인하고 2016. 5. 4. 경찰청장에게 삭제를 신청하

였다.

다. 경찰청장은 2016. 5. 18. '형의 실효 등에 관한 법률'에 검사의 소년부송치 처분에 대한 수사경력자료의 삭제 규정이 없다는 이유로 당해사건 원고의 신청을 거부하였고, 당해사건 원고는 경찰청장을 상대로 위 거부처분의 취소를 구하는 행정소송을 제기(서울행정법원 2017구합66527)하였다.

라. 제청법원은 위 사건 소송계속 중 2018. 1. 12. '형의 실효 등에 관한 법률' 제8조의2가 수사경력자료의 삭제 및 보존기간에 대하여 규정하면서 검사의 소년부송치 처분의 경우에 대하여는 규정하지 않은 것이 당해사건 재판의 전제가 되고 위헌이라고 의심할 만한 상당한 이유가 있다는 이유로 직권으로 이 사건 위헌법률심판제청을 하였다.

---

**판시사항**

가. 소년에 대한 수사경력자료의 삭제와 보존기간에 대하여 규정하면서 법원에서 불처분결정된 소년부송치 사건에 대하여 규정하지 않은 구 '형의 실효 등에 관한 법률' 제8조의2 제1항 및 제3항(이하 '구법 조항'이라 한다), '형의 실효 등에 관한 법률' 제8조의2 제1항 및 제3항(이하 '현행법 조항'이라 하고, 구법 조항과 통칭하여 '심판대상조항'이라 한다)이 과잉금지원칙에 반하여 개인정보자기결정권을 침해하는지 여부(적극)

나. 헌법불합치결정을 하면서 구법 조항 적용 중지, 현행법 조항 계속 적용을 명한 사례

---

**결정요지**

가. 심판대상조항은 소년에 대한 수사경력자료의 삭제 및 보존기간에 대하여 규정하면서 법원에서 불처분결정된 소년부송치 사건에 대하여는 규정하지 않아 수사경력자료에 기록된 개인정보가 당사자의 사망 시까지 보존된다. 수사경력자료는 불처분결정의 효력을 뒤집고 다시 형사처벌을 할 필요성이 인정되는 경우 재수사에 대비한 기초자료 또는 소년이 이후 다른 사건으로 수사나 재판을 받는 경우 기소여부의 판단자료나 양형 자료가 되므로, 해당 수사경력자료의 보존은 목적의 정당성과 수단의 적합성이 인정된다.

하지만 반사회성이 있는 소년의 환경 조정과 품행 교정을 통해 소년이 우리 사회의 건전한 구성원으로 성장할 수 있도록, 죄를 범한 소년에 대하여 형사재판이 아닌 보호사건으로 심리하여 보호처분을 할 수 있는 절차를 마련한 소년법의 취지에 비추어, 법원에서 소년부송치된 사건을 심리하여 보호처분을 할 수 없거나 할 필요가 없다고 인정하여 불처분결정을 하는 경우 소년부송치 및 불처분결정된 사실이 소년의 장래 신상에 불이익한 영향을 미치지 않는 것이 마땅하다.

또한 어떤 범죄가 행해진 후 시간이 흐를수록 수사의 단서로서나 상습성 판단자료, 양형자료로서의 가치는 감소하므로, 모든 소년부송치 사건의 수사경력자료를 해당 사건의 경중이나 결정 이후 경과한 시간 등에 대한 고려 없이 일률적으로 당사자가 사망할 때까지 보존할 필요가 있다고 보기는 어렵고, 불처분결정된 소년부송치 사건의 수사경력자료가 조회 및 회보되는 경우에도 이를 통해 추구하는 실체적 진실발견과 형사사법의 정의 구현이라는 공익에 비해, 당사자가 입을 수 있는 실질적

또는 심리적 불이익과 그로 인한 재사회화 및 사회복귀의 어려움이 더 크다.

따라서 심판대상조항은 과잉금지원칙을 위반하여 소년부송치 후 불처분결정을 받은 자의 개인정보자기결정권을 침해한다.

나. 심판대상조항에 대하여 단순위헌결정을 하는 경우 수사경력자료의 삭제 및 소년에 대한 수사경력자료의 보존기간에 대한 근거규정이 사라지게 되는 불합리한 결과가 발생하고, 심판대상조항의 위헌성을 제거하는 방식에 대하여는 입법자의 재량이 인정된다. 따라서 구법 조항에 대하여 헌법불합치 결정을 선고하되, 계속적용을 명한다면 위헌선언의 효력이 당해사건에 미치지 못할 우려가 있으므로 그 적용을 중지하고, 현행법 조항에 대하여는 헌법불합치 결정을 선고하되, 2023. 6. 30.을 시한으로 개선입법이 이루어질 때까지 계속 적용을 명한다.

# 2019헌가3
# 공직자윤리법 부칙제2조위헌제청
## (혼인한 여성 등록의무자의 등록대상재산 사건)
종국일자 2021. 9. 30. 위헌

**사건개요**

가. 제청신청인은 2004. 2. 18. 법관으로 임용되어, 공직자윤리법 제3조 제1항 제5호에 따라 재산등록의무를 부담하는 혼인한 여성 등록의무자이다.

제청신청인은 2004. 4.경 등록의무자가 된 날의 재산을 최초로 등록하면서 구 공직자윤리법(1994. 12. 31. 법률 제4853호로 개정되고 2007. 5. 17. 법률 제8435호로 개정되기 전의 것) 제4조 제1항 제3호에 따라 배우자의 직계존속의 재산을 등록한 후, 2016. 2.경 2015. 1. 1.부터 2015. 12. 31.까지의 재산변동사항을 신고할 때까지 계속하여 배우자의 직계존속의 재산에 대해 변동사항 신고를 하여왔으나, 2017. 2.경 2016. 1. 1.부터 2016. 12. 31.까지의 재산 변동사항을 신고하면서 배우자의 직계존속의 재산을 등록대상재산 목록에서 삭제하고 2009. 2. 3. 법률 제9402호로 개정된 공직자윤리법 제4조 제1항 제3호에 따라 본인의 직계존속의 재산을 등록하였다.

나. 대법원 공직자윤리위원회는 2017. 12. 28. 제청신청인의 경우에는 공직자윤리법 부칙(2009. 2. 3. 법률 제9402호) 제2조에 따라 여전히 배우자의 직계존속의 재산이 등록대상재산임에도 불구하고, 제청신청인이 배우자의 모(母)의 재산등록을 누락하였다는 이유로 구 공직자윤리법(2015. 12. 29. 법률 제13695호로 개정되고 2019. 12. 3. 법률 제16671호로 개정되기 전의 것) 제8조의2 제1항 제1호의 주의촉구(경고)처분(이하 '이 사건 처분'이라 한다)을 하였다.

다. 이에 제청신청인은 이 사건 처분의 취소를 구하는 소를 제기하고(서울행정법원 2018구합58721), 소송 계속 중 공직자윤리법 부칙(2009. 2. 3. 법률 제9402호) 제2조에 대한 위헌법률심판제청신청을 하였고, 제청법원은 2019. 1. 3. 위 부칙 조항에 대하여 위헌법률심판제청을 하였다.

<table>
<tr><td>판시사항</td><td>혼인한 등록의무자 모두 배우자가 아닌 본인의 직계존·비속의 재산을 등록하도록 2009. 2. 3. 법률 제9402호로 공직자윤리법 제4조 제1항 제3호가 개정되었음에도 불구하고, 개정 전 공직자윤리법 조항에 따라 이미 배우자의 직계존·비속의 재산을 등록한 혼인한 여성 등록의무자는 종전과 동일하게 계속해서 배우자의 직계존·비속의 재산을 등록하도록 규정한 공직자윤리법 부칙(2009. 2. 3. 법률 제9402호) 제2조(이하 '이 사건 부칙조항'이라 한다)가 평등원칙에 위배되는지 여부(적극)</td></tr>
</table>

<table>
<tr><td>결정요지</td><td>이 사건 부칙조항은 혼인한 남성 등록의무자와 이미 개정 전 공직자윤리법 조항에 따라 재산등록을 한 혼인한 여성 등록의무자를 달리 취급하고 있는바, 이 사건 부칙조항이 평등원칙에 위배되는지 여부를 판단함에 있어서는 엄격한 심사척도를 적용하여 비례성 원칙에 따른 심사를 하여야 한다.

이 사건 부칙조항은 개정 전 공직자윤리법 조항이 혼인관계에서 남성과 여성에 대한 차별적 인식에 기인한 것이라는 반성적 고려에 따라 개정 공직자윤리법 조항이 시행되었음에도 불구하고, 일부 혼인한 여성 등록의무자에게 이미 개정 전 공직자윤리법 조항에 따라 재산등록을 하였다는 이유만으로 남녀차별적인 인식에 기인하였던 종전의 규정을 따를 것을 요구하고 있다.

그런데 혼인한 남성 등록의무자와 달리 /혼인한 여성 등록의무자의 경우에만 본인이 아닌 배우자의 직계존·비속의 재산을 등록하도록 하는 것은 여성의 사회적 지위에 대한 그릇된 인식을 양산하고, 가족관계에 있어 시가와 친정이라는 이분법적 차별구조를 정착시킬 수 있으며, 이것이 사회적 관계로 확장될 경우에는 남성우위·여성비하의 사회적 풍토를 조성하게 될 우려가 있다.

이는 성별에 의한 차별금지 및 혼인과 가족생활에서의 양성의 평등을 천명하고 있는 헌법에 정면으로 위배되는 것으로 그 목적의 정당성을 인정할 수 없다. 따라서 이 사건 부칙조항은 평등원칙에 위배된다.</td></tr>
</table>

## 2018헌마60
## 형의 집행 및 수용자의 처우에 관한 법률 시행규칙 제29조의2 제1항 제2호 위헌확인 (소송사건의 대리인인 변호사와 수형자의 접견 제한 사건)
종국일자 2021. 10. 28 종국결과 **위헌**

<table>
<tr><td>사건개요</td><td>가. 청구인은 2017. 4. 17. 변호사시험에 합격하고 2017. 5. 18. 대한변호사협회에 등록한 변호사이다.

나. 박○○은 살인죄 등으로 징역 13년을 선고받고 그 형이 확정되어 ○○직업훈련교도소에 수용되어 있던 중 확정된 형사판결에 대하여 세 차례 재심청구를 하였으나 모두 기각되었고, 마지막 재심청구(서울중앙지방법원 2017재고합18)는 그에 대한 항고까지 기각되어 2017. 8. 29. 확정되었다.</td></tr>
</table>

다. 청구인은 박○○의 새로운 재심청구를 위한 변호인으로 선임되어 2017. 11. 7. ○○직업훈련교도소에 2017. 11. 13. 구 '형의 집행 및 수용자의 처우에 관한 법률 시행령'(이하 '형의 집행 및 수용자의 처우에 관한 법률'은 '형집행법', 같은 법 시행령은 '형집행법 시행령', 같은 법 시행규칙은 '형집행법 시행규칙'이라 한다) 제59조의2에 따라 박○○에 대한 접견을 하겠다는 취지의 접견신청을 하였으나(이하 '이 사건 접견신청'이라 하고, 소송사건의 대리인인 변호사와 수형자 사이의 접견을 '변호사접견'이라 한다), 다음 날 '소송계속 사실'을 소명할 수 있는 자료를 제출하도록 규정한 형집행법 시행규칙 제29조의2 제1항 제2호를 이유로 거부되어, 박○○과 변호사접견을 하지 못하고 부득이 구 형집행법 시행령 제58조에 따른 일반접견을 하였다.

라. 이에 청구인은 위 시행규칙 제29조의2 제1항 제2호에서 변호사접견에 '소송계속 사실을 소명할 수 있는 자료'의 제출을 요구함으로써 재심청구 전에는 변호사접견이 허용되지 않도록 규정한 것은 변호사로서의 직업수행의 자유 등을 침해한다고 주장하면서, 2018. 1. 18. 이 사건 헌법소원심판을 청구하였다.

**판시사항**

소송사건의 대리인인 변호사가 수형자를 접견하고자 하는 경우 소송계속 사실을 소명할 수 있는 자료를 제출하도록 규정하고 있는 '형의 집행 및 수용자의 처우에 관한 법률(이하 '형집행법'이라 한다) 시행규칙' 제29조의2 제1항 제2호 중 '수형자 접견'에 관한 부분(이하 '심판대상조항'이라 한다)이 과잉금지원칙에 위배되어 변호사인 청구인의 직업수행의 자유를 침해하는지 여부(적극)

**결정요지**

심판대상조항이 소송계속 사실 소명자료를 제출하도록 규정하고 있어 변호사가 접견권을 남용하여 소를 제기하지도 아니한 채 수형자와 접견하는 것이 방지되는 것은 사실이다.

그러나 이른바 집사 변호사나 집사 변호사를 고용하는 수형자는 소 제기 여부를 진지하게 고민할 필요가 없으므로 불필요한 소송을 제기하고 손쉽게 변호사접견을 이용할 수 있는 반면, 진지하게 소 제기 여부 및 변론 방향을 고민해야 하는 변호사와 수형자라면 접견이 충분하지 않고 소송의 승패가 불확실하여 수형자가 변호사를 신뢰하고 소송절차를 진행하기가 부담스러울 수밖에 없다.

접견에 아무런 시간 및 횟수의 제한이 없는 미결수용자에 대한 변호인접견과 달리, 수형자에 대한 변호사접견은 그 시간이 60분, 그 횟수가 월 4회로 이미 한정되어 있고(구 형집행법 시행령 제59조의2 제1항, 제2항), 그동안 사회적으로 집사 변호사가 문제된 것은 주로 미선임 접견의 경우인데, 변호사접견은 미결수용자에 대한 변호인접견과 달리, 소송사건의 대리인으로 선임된 변호사에게만 허용되고 미선임 접견은 불가능하므로, 집사 변호사가 영리를 목적으로 이를 이용하고자 하더라도 한계가 있다. 변호사접견을 이용한 접견권 남용 문제가 발생한다 하더라도 사후적으로 이를 제재함으로써 충분히 방지할 수 있다. 형집행법 제41조 제1항, 제42조 등은 수형자의 교화 등을 해칠 우려가 있거나, 시설의 안전 또는 질서를 해칠 우려가 있는 때 접견을 제한하거나 중지할 수 있도록 사후적 제재에 필요한 법적 근거를 이미 마련해 두고 있다.

심판대상조항은 소송사건의 대리인인 변호사라 하더라도 변호사접견을 하기 위해서는 소송계속 사실 소명자료를 제출하도록 규정함으로써 이를 제출하지 못하는 변호사는 일반접견을 이용할 수밖에 없게 되었다. 일반접견은 접촉차단시설이 설치된 일반접견실에서 10분 내외 짧게 이루어지므로 그 시간은 변호사접견의 1/6 수준에 그친다. 또한 그 대화 내용은 청취·기록·녹음·녹화의 대상이 되므로 교정시설에서 부당한 처우를 당했다는 등의 사정이 있는 수형자는 위축된 나머지 법적 구제를 단념할 가능성마저 배제할 수 없다.

심판대상조항은 소 제기 전 단계에서 충실한 소송준비를 하기 어렵게 하여 변호사의 직무수행에 큰 장애를 초래하고, 변호사의 도움이 가장 필요한 시기에 접견에 대한 제한의 정도가 위와 같이 크다는 점에서 수형자의 재판청구권 역시 심각하게 제한될 수밖에 없고, 이로 인해 법치국가원리로 추구되는 정의에 반하는 결과를 낳을 수도 있다.

따라서 심판대상조항은 과잉금지원칙에 위배되어 변호사인 청구인의 직업수행의 자유를 침해한다.

# 2019헌마534
# 사회복무요원 복무관리 규정 제27조 등 위헌 확인
## (사회복무요원의 정치적 행위 금지 사건)
종국일자: 2021. 11. 25 /종국결과: **위헌**, 기각, 각하

**사건개요**

청구인은 2019. 3. 11. 사회복무요원으로 소집되어 ○○시 노인복지관 등에서 근무하다가 심판 청구 당시에는 ○○시립도서관에서 근무하며 근무시간 외에 병역환경 개선을 위한 1인 시위 등을 하거나 그러한 시위에 참여하고자 하는 사람이다.

청구인은 사회복무요원의 정치적 목적을 지닌 행위를 금지하는 병역법 제33조 제2항 본문 제2호 등이 청구인의 기본권을 침해한다고 주장하며, 2019. 5. 22. 이 사건 헌법소원심판을 청구하였다.

**판시사항**

가. 사회복무요원이 정당 가입을 할 수 없도록 규정한 병역법 제33조 제2항 본문 제2호(이하 '이 사건 법률조항'이라 한다) 중 '정당'에 관한 부분이 사회복무요원인 청구인의 정치적 표현의 자유 및 결사의 자유를 침해하는지 여부(소극)

나. 사회복무요원의 정치적 행위를 금지하는 이 사건 법률조항 중 '그 밖의 정치단체에 가입하는 등 정치적 목적을 지닌 행위'에 관한 부분이 청구인의 정치적 표현의 자유 및 결사의 자유를 침해하는지 여부(적극)

다. 사회복무요원 복무관리 규정 제27조 제1호(이하 '이 사건 관리규정'이라 한다)이 헌법소원의 대상이 되는 공권력 행사에 해당하는지 여부(소극)

가. 이 사건 법률조항 중 '정당'에 관한 부분은 사회복무요원의 정치적 중립성을 유지하고 업무전념성을 보장하기 위한 것으로, 정당은 개인적 정치활동과 달리 국민의 정치적 의사형성에 미치는 영향력이 크므로 사회복무요원의 정당 가입을 금지하는 것은 입법목적을 달성하기 위한 적합한 수단이다. 정당에 관련된 표현행위는 직무 내외를 구분하기 어려우므로 '직무와 관련된 표현행위만을 규제'하는 등 기본권을 최소한도로 제한하는 대안을 상정하기 어려우며, 위 입법목적이 사회복무요원이 제한받는 사익에 비해 중대하므로 이 사건 법률조항 중 '정당'에 관한 부분은 청구인의 정치적 표현의 자유 및 결사의 자유를 침해하지 않는다.

나. 재판관 이석태, 재판관 김기영, 재판관 이미선의 위헌의견

이 사건 법률조항은 형벌의 구성요건을 규정한 것이고 청구인의 정치적 표현의 자유 및 결사의 자유를 제한하므로, 엄격한 기준의 명확성원칙에 부합하여야 한다. 민주주의 국가에서 국가 구성원의 모든 사회적 활동은 '정치'와 관련되고, 단체는 국가 정책에 찬성·반대하거나, 특정 정당이나 후보자의 주장과 우연히 일치하기만 하여도 정치적인 성격을 가진다고 볼 여지가 있다. '그 밖의 정치단체'는 문언상 '정당'에 준하는 정치단체만을 의미하는 것이 아니고, 단체의 목적이나 활동에 관한 어떠한 제한도 규정하고 있지 않으며, '정치적 중립성'이라는 입법목적 자체가 매우 추상적인 개념이어서, 이로부터 '정치단체'와 '비정치단체'를 구별할 수 있는 기준을 도출할 수 없다. 이 사건 법률조항은 '정치적 목적을 지닌 행위'의 의미를 개별화·유형화 하지 않으며, '그 밖의 정치단체'의 의미가 불명확하므로 이를 예시로 규정하여도 '정치적 목적을 지닌 행위'의 불명확성은 해소되지 않는다. 따라서 위 부분은 명확성원칙에 위배된다.

위 부분은 사회복무요원의 정치적 중립성 보장과 아무런 관련이 없는 사회적 활동까지 금지한다는 점에서 수단의 적합성이 인정되지 않는다. 나아가 사회복무요원의 업무는 소속기관의 행정업무지원 등 단순한 경우가 많고, 사회복지시설과 같은 민간영역에 소속되어 일하기도 한다. 그렇다면 사회복무요원의 '정치적 목적을 지닌 행위'를 전면적으로 금지하는 것은 침해의 최소성 및 법익의 균형성도 갖추지 못하였다. 따라서 위 부분은 청구인의 정치적 표현의 자유 및 결사의 자유를 침해한다.

재판관 유남석, 재판관 이영진, 재판관 문형배의 위헌의견

이 사건 법률조항 중 '그 밖의 정치단체에 가입하는 등 정치적 목적을 지닌 행위' 부분은, '그 밖의 정치단체' 및 '정치적 목적을 지닌 행위'라는 불명확한 개념을 사용하고 있어 명확성원칙에 위배된다. 이에 대하여는, 위 부분에 대한 재판관 이석태, 재판관 김기영, 재판관 이미선의 위헌의견 중 '명확성원칙 위배 여부' 부분과 의견을 같이 한다.

덧붙여, 위 부분은 집단적 형태의 '표현의 내용'에 근거한 규제이므로, 규제되는 표현의 개념을 더욱 명확하게 규정할 것이 요구된다. 그럼에도 위 부분은 '그 밖의 정치단체' 및 '정치적 목적을 지닌

행위'라는 불명확한 개념을 사용하여, 수범자에 대한 위축효과와 법 집행 공무원의 자의적인 판단의 위험을 야기한다. 위 부분이 명확성원칙에 반하여 청구인의 정치적 표현의 자유 및 결사의 자유를 침해하여 헌법에 위반되는 점이 분명한 이상, 과잉금지원칙 위배 여부에 대하여 더 나아가 판단하지 않는다.

다. 행정규칙은 원칙적으로 헌법소원의 대상이 아니나, 되풀이 시행되어 행정기관이 그 규칙에 따라야 할 자기구속을 당하게 되는 경우 예외적으로 헌법소원의 대상이 될 수 있다. 그런데 행정규칙에 해당하는 이 사건 관리규정이 되풀이 시행되었다고 인정할 자료가 없으므로, 이 사건 관리규정은 헌법소원의 대상이 되는 '공권력의 행사'에 해당한다고 볼 수 없다.

### 이 사건 관리규정에 대한 재판관 이선애의 별개의견

이 사건 관리규정은 이 사건 법률조항이 완결적으로 규정한 요건개념을 법령의 위임 없이 행정기관이 내부적으로 정한 법규범의 해석과 적용에 관한 규범해석적 행정규칙에 해당한다. 행정기관에게는 고유한 법해석 판단권한이 인정될 수 없으므로, 규범해석적 행정규칙에는 대외적 구속력 등 법적 효력이 없다. 이 사건 관리규정은 '되풀이 시행되었는지 여부'를 불문하고, 법적 효력이 없어 기본권을 침해할 가능성이 없으므로 헌법소원의 대상이 될 수 없다.

## 2019헌바446 등
## 도로교통법 제148조의2 제1항 위헌소원
### (2회 이상 음주운전 시 가중처벌 사건)
종국일자 2021. 11. 25/ 종국결과 **위헌**

**사건개요**

가. 2019헌바446

(1) 청구인 정○○는 도로교통법위반(음주운전)죄로 4회 처벌받은 전력이 있는데, 2019. 8. 17. 혈중알코올농도 0.065%의 술에 취한 상태로 승용차량을 운전함으로써 도로교통법 제44조 제1항을 2회 이상 위반하였다는 등의 공소사실로 기소되어 징역 1년을 선고받았다(대구지방법원 포항지원 2019고단1256).

(2) 청구인 정○○는 위 재판 계속 중 2회 이상 음주운전을 가중처벌하는 구 도로교통법 제148조의2 제1항에 대하여 위헌법률심판제청신청을 하였으나 2019. 11. 7. 각하(도로교통법 제148조의2 제1항 중 '제44조 제2항' 부분) 및 기각(각하된 부분을 제외한 나머지 부분)되자(대구지방법원 포항지원 2019초기256), 2019. 11. 18. 이 사건 헌법소원심판을 청구하였다.

나. 2020헌가17

(1) 당해사건의 피고인(이하 '피고인'이라 한다)은 도로교통법위반(음주운전)죄로 1회 처벌받은 전력이 있는데,

2019. 11. 28. 혈중알코올농도 0.08%의 술에 취한 상태로 승용차를 운전함으로써 음주운전 금지 규정을 2회 이상 위반하였다는 공소사실로 기소되었다(전주지방법원 군산지원 2019고단1693).

(2) 위 사건을 담당한 법원은 재판 계속 중인 2020. 11. 5. 구 도로교통법 제148조의2 제1항에 대하여 직권으로 위헌법률심판을 제청하였다.

다. 2021헌바77

(1) 청구인 강○○은 도로교통법위반(음주운전)죄로 3회 처벌받은 전력이 있는데, 2019. 11. 7. 혈중알코올농도 0.040%의 술에 취한 상태로 승용차량을 운전하였다는 공소사실로 기소되어 항소심에서 징역 1년을 선고받았다.

(2) 청구인 강○○은 위 항소심판결에 대하여 상고하고(대법원 2021도1704), 상고심 계속 중 구 도로교통법 제148조의2 제1항에 대하여 위헌법률심판제청신청을 하였으나, 대법원은 2021. 3. 17. 상고와 함께 위헌법률심판제청신청을 기각하였다(대법원 2021초기95). 이에 청구인은 2021. 3. 29. 이 사건 헌법소원심판을 청구하였다.

**판시사항**

가. 음주운전 금지규정을 2회 이상 위반한 사람을 2년 이상 5년 이하의 징역이나 1천만 원 이상 2천만 원 이하의 벌금에 처하도록 한 구 도로교통법 제148조의2 제1항 중 '제44조 제1항을 2회 이상 위반한 사람'에 관한 부분(이하 '심판대상조항'이라 한다)이 죄형법정주의의 명확성원칙에 위반되는지 여부(소극)

나. 심판대상조항이 책임과 형벌 간의 비례원칙에 위반되는지 여부(적극)

**결정요지**

가. 심판대상조항의 문언, 입법목적과 연혁, 관련 규정과의 관계 및 법원의 해석 등을 종합하여 볼 때, 심판대상조항에서 '제44조 제1항을 2회 이상 위반한 사람'이란 '2006. 6. 1. 이후 도로교통법 제44조 제1항을 위반하여 술에 취한 상태에서 운전을 하였던 사실이 인정되는 사람으로서, 다시 같은 조 제1항을 위반하여 술에 취한 상태에서 운전한 사람'을 의미함을 충분히 알 수 있으므로, 심판대상조항은 죄형법정주의의 명확성원칙에 위반되지 아니한다.

나. 심판대상조항은 음주운전 금지규정을 반복하여 위반하는 사람에 대한 처벌을 강화하기 위한 규정인데, 가중요건이 되는 과거 위반행위와 처벌대상이 되는 재범 음주운전행위 사이에 아무런 시간적 제한을 두지 않고 있다. 그런데 과거 위반행위가 예컨대 10년 이상 전에 발생한 것이라면 처벌대상이 되는 재범 음주운전이 준법정신이 현저히 부족한 상태에서 이루어진 행위라거나 교통안전 등을 '반복적으로' 위협하는 행위라고 평가하기 어려워 이를 일반적 음주운전 금지규정 위반행위와 구별하여 가중처벌할 필요가 있다고 보기 어렵다. 범죄 전력이 있음에도 다시 범행한 경우 가중된 행위책임을 인정할 수 있다고 하더라도, 전범을 이유로 아무런 시간적 제한 없이 무제한 후범을 가중처벌하는 예는 찾기 어렵고, 공소시효나 형의 실효를 인정하는 취지에도 부합하지 않는다. 또한 심판대상조항

은 과거 위반 전력, 혈중알코올농도 수준 등에 비추어, **보호법익에 미치는 위험 정도가 비교적 낮은 유형의 재범 음주운전행위도 일률적으로 그 법정형의 하한인 2년 이상의 징역 또는 1천만 원 이상의 벌금을 기준으로 처벌하도록 하고 있어 책임과 형벌 사이의 비례성을 인정하기 어렵다.** 따라서 **심판대상조항은 책임과 형벌 간의 비례원칙에 위반된다.**

## 2018헌바524
## 구 성폭력범죄의 처벌 및 피해자보호 등에 관한 법률제21조의3 제4항 등 위헌소원
### (영상물에 수록된 19세 미만 성폭력범죄 피해자 진술에 관한 증거능력 특례조항 사건)
종국일자 2021. 12. 23/ 종국결과 **위헌**

**사건개요**

가. 청구인은 2010년부터 2011년 사이에 위력으로 13세 미만 미성년자인 피해자를 수차례 추행하였다는 등의 범죄사실로 대구지방법원에서 2018. 2. 2. 징역 6년 및 성폭력 치료프로그램 이수명령 40시간을 선고받았다(2016고합520). 한편, 청구인은 위 1심 공판에서 각 영상녹화CD에 수록된 19세 미만인 위 성폭력범죄 피해자의 진술에 관하여 증거부동의 하였다. 그러나 1심 법원은 조사 과정에 동석하였던 신뢰관계에 있는 사람들의 법정진술에 의하여 성립의 진정함이 인정된 각 영상녹화CD에 수록된 위 피해자의 진술을 공소사실에 관한 증거로 채택·조사한 후, 이를 청구인에 대한 유죄 판결의 증거로 사용하였다. 다만, **그 과정에서 위 증거의 원진술자인 피해자에 대한 증인신문은 이루어지지 않았다.**

나. 청구인은 위 1심 판결에 불복하여 항소하였으나, 대구고등법원은 2018. 9. 5. 위 1심 판결과 동일한 범죄사실에 관하여 재차 유죄판결을 선고하되, 관련 법령 개정에 따라 아동·청소년 관련기관 등에 관한 취업제한 기간을 정하기 위하여 1심 유죄 부분을 파기하고 징역 6년, 성폭력 치료프로그램 이수명령 40시간 및 위 관련기관 등 취업제한 5년을 선고하였다(2018노59). **항소심 법원 역시 1심 법원과 마찬가지로 위 각 영상녹화CD에 수록된 위 피해자의 진술을 유죄 판결의 증거로 하였는데, 그 과정에서 피해자를 증인으로 소환하여 신문하지는 않았다.**

다. 청구인은 위 항소심 판결에 불복하여 상고를 제기하였고, 위 상고심 계속 중 구 '성폭력범죄의 처벌 및 피해자보호 등에 관한 법률' 제21조의3 제4항, '성폭력범죄의 처벌 등에 관한 특례법' 제30조 제6항에 대하여 위헌법률심판제청신청을 하였다. 대법원은 2018. 11. 29. 위 상고 및 신청을 모두 기각하였고(2018도15169, 2018초기 1107), 이에 청구인은 2018. 12. 27. 이 사건 헌법소원심판을 청구하였다.

**판시사항**

　피고인의 반대신문권을 보장하면서도 미성년 피해자를 보호할 수 있는 조화적인 방법을 상정할 수 있음에도, 영상물의 원진술자인 미성년 피해자에 대한 피고인의 반대신문권을 실질적으로 배제하여 피고인의 방어권을 과도하게 제한하는 심판대상조항은 피해의 최소성 요건을 갖추지 못하였다.

　우리 사회에서 성폭력범죄의 피해자가 겪게 되는 심각한 피해를 고려할 때 신체적·정신적으로 성인에 비하여 취약할 수 있는 미성년 피해자가 법정에서 반복진술하는 것을 최소화함으로써 2차 피해를 방지하는 것이 중요한 공익에 해당함에는 의문의 여지가 없다. 그러나 형사재판의 공정성을 담보하기 위한 피고인의 방어권 보장 역시 헌법적으로 포기할 수 없는 중대한 가치라 할 것이므로, 피해자의 보호와 피고인의 방어권 보장은 최대한 조화적으로 도모될 필요가 있다. 그런데 형사절차에서 피고인의 반대신문권 행사는 피해자의 진술을 효율적으로 탄핵할 수 있는 핵심적인 방어수단이고, 성폭력범죄 사건의 특성상 피해자의 진술이 가장 결정적인 증거인 경우가 적지 않기 때문에, 이에 대하여 반대신문할 기회를 갖지 못한다면 피고인의 방어권이 사실상 무력화될 수 있다. 그에 비하여 피고인의 반대신문권을 보장하면서도 미성년 피해자의 2차 피해를 방지할 수 있는 대안과 제도들이 다수 존재함은 앞서 본 바와 같다. 이와 같은 사정을 고려할 때, 심판대상조항으로 달성하고자 하는 공익이 그로 인하여 제한되는 피고인의 사익보다 우월하다거나 중요하다고 쉽게 단정할 수 없으므로, 심판대상조항은 법익의 균형성 요건을 충족하지 못하였다.

5급 공채·입법고시 대비
## 최종 마무리 헌법

초판 1쇄 인쇄  2022년 2월 14일
초판 1쇄 발행  2022년 2월 14일

저   자 / 이주송
발행자 / 전민형
발행처 / 도서출판 푸블리우스
등   록 / 2018년 4월 3일 (제25100-2021-000036호)
주   소 / [02841] 서울시 노원구 덕릉로127길 25, 상가동 204-92호
전   화 / 02-927-6392
팩   스 / 02-929-6392
이메일 / ceo@publius.co.kr

ISBN      979-11-89237-15-8  13360

도서출판 푸블리우스는 헌법, 통일법, 시민교육, 신문방송학, 경찰학, 사회과학 일반에
관한 발간제안을 환영합니다.
기획 취지와 개요, 연락처를 ceo@publius.co.kr로 보내주십시오.
도서출판 푸블리우스와 함께 한국의 법치주의 및 사회학의 수준을 높일 연구자들의
많은 투고를 기다립니다.